通勤大学 図解PMコース②
プロジェクトマネジメント 実践編（第3版）

中嶋 秀隆 =監修
Hidetaka Nakajima

中 憲治 =著
Kenji Naka

通勤大学文庫
STUDY WHILE COMMUTING
総合法令出版

・PMI®は、Project Management Institute の登録商標です。
・PMBOK®は、PMI の登録商標です。
・PMP は、PMI の登録商標商標です。

はじめに

　私たちの身の周りには「プロジェクト」という言葉があふれています。近い将来に行われる巨大プロジェクトとして、誰もが頭に思い浮かべるのは、「2020年東京オリンピック・パラリンピック」ではないでしょうか。

　プロジェクトの規模が大きくなれば、失敗事例もそれだけ多くなります。東京オリンピック関連であれば、「新国立競技場」プロジェクトと「オリンピック・パラリンピック・エンブレム」プロジェクトでは、多くの問題が判明し、どちらも結局やり直しとなり、多大な費用と日数を要することとなりました。このような失敗事例の多さから「プロジェクトを成功させるのは本当に難しい」との声も聞こえてきます。

　プロジェクトを成功に導くためには、①プロジェクトマネジメントの正しい知識・スキルを保有していること、②その知識・スキルをプロジェクトで使っていること、の2点が必須要件です。

　本書の前作にあたる『通勤大学図解PMコース①　プ

ロジェクトマネジメント理論編』で詳しくご説明しましたが、プロジェクトマネジメントの知識・スキルに関しては、グローバルスタンダード的なガイドブックがあります。それは「プロジェクトマネジメント知識体系（PMBOK）」ガイドブックです。

PMBOKとは、「Guide to Project Management Body of Knowledge」の略で、米国にあるPMI（Project Management Institute）によって定められたプロジェクトマネジメントの実務慣行体系とも言えるものです。

PMBOKは約4年ごとに改訂されますが、2017年に最新版のPMBOK第6版が出版されましたので、本書ではこの内容を織り込みました。

PMBOKでは、プロジェクトマネジメントに必要な知識・スキルを10のエリアに分けて解説しています。前述の「理論編」ではPMBOKの構成に沿ってその知識エリアの1つひとつを解説しましたが、本書「実践編」では、PMBOKの10の知識エリアの中で、どんなプロジェクトでも使われる重要な知識・スキルをプロジェクトのどのプロセスでどのように使えばよいかをわかりやすく解説していきます。

PMBOK第6版は、パート1「プロジェクトマネジメ

ント知識体系ガイド」、パート２「プロジェクトマネジメント標準」の２部構成となりました。本書「実践編」で紹介するのは、パート２「プロジェクトマネジメント標準」のわかりやすい事例だとお考えください。

　　　　　　　　　　　　　2018年9月吉日　中　憲治

目次

はじめに … 3
本書の構成 … 12
各ステップの構成 … 14

序章

0-1 プロジェクトとは … 18
0-2 プロジェクトマネジメントとは … 20
0-3 プロジェクト憲章を発行する … 22

ステップ1 目標を明確にする

1-1 目標を明確にするとは … 26
1-2 目標を明確にする手順（1）… 28
1-3 目標を明確にする手順（2）… 30
1-4 目標を明確にする手順（3）… 32
1-5 目標を明確にする手順（4）… 34
1-6 事例：プロジェクト目標 … 36
1-7 キック・オフ・ミーティングを開く … 38
1-8 プロジェクトの選択 … 40
1-9 プロジェクト選択の方法 … 42
コラム❶ ステークホルダー・マネジメント … 44

ステップ2　作業を分解する

- **2-1** 作業を分解する　　　　　　　　　　　　　　　48
- **2-2** 作業を分解する手順　　　　　　　　　　　　　50
- **2-3** ワーク・パッケージ　　　　　　　　　　　　　52
- **2-4** WBS一覧表、作業記述書　　　　　　　　　　　54
- **2-5** 事例：WBS一覧表、作業記述書　　　　　　　　56
- **コラム❷**　「教育体系再構築」プロジェクトWBS　　58

ステップ3　役割を分担し、所要期間を見積る

- **3-1** 役割を分担する　　　　　　　　　　　　　　　62
- **3-2** 役割分担のポイント（1）　　　　　　　　　　　64
- **3-3** 役割分担のポイント（2）　　　　　　　　　　　66
- **3-4** 所要期間を見積る　　　　　　　　　　　　　　68
- **3-5** 所要期間を見積る手順　　　　　　　　　　　　70
- **3-6** 所要時間見積りのモデル　　　　　　　　　　　72
- **3-7** 事例：WBSと所要期間見積りの統合　　　　　　74
- **3-8** 三点見積り　　　　　　　　　　　　　　　　　76

ステップ4　ネット・ワーク図を作り、クリティカル・パスを見つける

- **4-1** ネット・ワーク図を作る　　　　　　　　　　　80
- **4-2** 事例：ネット・ワーク図　　　　　　　　　　　82

4-3	ネット・ワーク図をチェックする	84
コラム❸	ネット・ワークをゴールから作る	86
4-4	クリティカル・パスを見つける	88
4-5	事例:クリティカル・パス分析	90
4-6	往路分析・復路分析	92
4-7	最早開始、最遅開始の例	94
4-8	事例:往路分析(1)	96
4-9	事例:往路分析(2)	98
4-10	事例:復路分析(1)	100
4-11	事例:復路分析(2)	102
4-12	事例:フロートを求める	104

ステップ5　スケジュールを作る

5-1	ガント・チャートを作る	108
5-2	事例:ガント・チャート	110
5-3	作業の依存関係	112
5-4	クリティカル・パスを短縮する方法	114
5-5	マイルストーン	116
コラム❹	逆線表の誤り	118

ステップ6 負荷をならす

- 6-1 負荷をならす …… 122
- 6-2 負荷を把握する方法（1）…… 124
- 6-3 負荷を把握する方法（2）…… 126
- 6-4 負荷ヒストグラム …… 128
- 6-5 負荷を調整・平準化する …… 130
- 6-6 事例：負荷の調整・平準化 …… 132

ステップ7 予算その他の計画を作る

- 7-1 予算を作る …… 136
- 7-2 品質計画とコミュニケーション計画を作る …… 138
- 7-3 ステークホルダー計画を作る …… 140
- 7-4 調達計画を作る …… 142

ステップ8 リスクに備える

- 8-1 リスクに備えるとは …… 146
- 8-2 リスク分析の手順 …… 148
- 8-3 リスク事象の評価 …… 150
- 8-4 定量的評価 …… 152
- 8-5 デシジョン・ツリー …… 154
- 8-6 予防対策、発生時対策 …… 156

8-7	事例：リスク分析（1）	158
8-8	事例：リスク分析（2）	160
8-9	リスク・マネジメント計画表	162
8-10	計画段階のまとめ	164
8-11	計画の承認を取り付ける	166
8-12	プロジェクト・ファイルにまとめる	168

ステップ9　進捗をコントロールする

9-1	進捗をコントロールする	172
9-2	進捗コントロールの手順（1）	174
9-3	進捗コントロールの手順（2）	176
9-4	進捗コントロールの手順（3）	178
9-5	演習事例（1）	180
9-6	演習事例（2）解答のポイント	184
9-7	スコープの変更をコントロールする	186
9-8	スコープ変更管理の手順	188

ステップ10　事後の振り返りをする

10-1	事後の振り返りをする	192
10-2	事後の振り返り会議での質問例	194
10-3	教訓を残す	196

終章 パーソナル・プロジェクト

終章① パーソナル・プロジェクトとは ……………… 200
終章② テーラリングの重要性 …………………………… 202
終章③ 私のパーソナル・プロジェクト ……………… 206
終章④ パーソナル・プロジェクトの贈り物 ………… 210

ブックデザイン　藤塚尚子（e to kumi）
本文DTP＆図表作成　横内俊彦
本文イラスト　藤田めぐみ
校正　矢島規男

本書の構成

(プロジェクトマネジメント「標準10ステップ」)

　プロジェクトマネジメントには5つのプロセスがあります。「立上げプロセス」「計画プロセス」「実行プロセス」「コントロール・プロセス」「終結プロセス」の5つです。

　初めの「立上げプロセス」では、WhyとWhatを決めます。「なぜ、このプロジェクトを行うのか」「このプロジェクトでどのような目標を目指すのか」を明らかにします。

　次に「計画プロセス」では、Howを決めます。「このプロジェクトをどのように進めるのか」、計画を作り上げます。

　さらに「実行プロセス」と「コントロール・プロセス」では、「プロジェクトが計画通り進捗しているかどうか」を監視し、問題が起きれば必要な対策を講じていきます。

　最後の「終結プロセス」はプロジェクトのまとめです。実績値を集め、教訓をまとめ、次のプロジェクトに活かすためにデータベースに残していきます。

　本書ではこれら5つのプロセスをもう少し詳しく分解し、プロジェクトを推進していくプロセスを10のステップに分けて解説していきます。

　ステップ1は「目標を明確にする」です。これは「立上げプロセス」に当たります。ステップ2からステップ8までは「計画プロセス」に当たります。ステップ2「作業を分解し、

ワークパッケージを洗い出す」、ステップ3「役割分担し所要期間を見積る」、ステップ4「ネット・ワーク図を作り、クリティカル・パスを見つける」、ステップ5「スケジュールを作る」、ステップ6「負荷をならす」、ステップ7「予算を作る」、ステップ8「リスクに備える」の各ステップです。

次のステップからは「実行プロセス」「コントロール・プロセス」に入り、ステップ9は「進捗をコントロールする」です。終結プロセスは、ステップ10「事後の振り返りをする」です。

各ステップが終了すると、その活動の結果として成果物（アウトプット）が生み出されますが、各ステップと成果物の関係は、下記の図で確認してください。

プロジェクトマネジメント「標準10のステップ」

	ステップ	成果物
立上げ	1. 目標を明確にする	プロジェクト目標（文書）
計画	2. 作業を分解し、ワークパッケージを洗い出す	WBS一覧表
	3. 役割分担し所要時間を見積る	役割分担表、見積り作業量、見積り所要期間
	4. ネット・ワーク図を作り、クリティカル・パスを見つける	ネット・ワーク図、クリティカル・パス分析
	5. スケジュールを作る	ガント・チャート
	6. 負荷をならす	要員負荷ヒストグラム
	7. 予算を作る	予算表、予算グラフ
	8. リスクに備える	リスク・マネジメント計画書
実行・コントロール	9. 進捗をコントロールする	現状報告書、アクションプラン
終結	10. 事後の振り返りをする	プロジェクトのまとめ（文書）

各ステップの構成

各ステップは、次のような構成で記述します。

- **What**：「このステップでは、どのようなことをするのか」を説明します。前作「理論編」のどの部分に該当するのか、簡単に触れます。
- **Why**：「なぜ、このステップが必要なのか」、プロジェクトの失敗の原因を防ぐために、ステップの必要性を簡単に記します。
- **How to**：本書「実践編」の主要な部分です。どのように各ステップを進めていくのか、手順を詳しくご紹介します。
- **事例**：各ステップの手順をより理解していただくために、事例で紹介します。プロジェクトマネジメント「標準10のステップ」はプロジェクトの標準的な進め方です。そのために、読者のみなさんがイメージしやすい事例を使いました。

本書で用いる事例は「拡販イベント出展」プロジェクトです。このプロジェクトの概要は次の通りです。

3カ月後にプロジェクトマネジメント推進団体「JAPMA」主催のプロジェクトマネジメント・セミナーが開催される。

開催期間は３日間、プロジェクトマネジメントの研修会社であるプラネット社はこのセミナーに出展し、会期中に新規顧客との商談の芽を出し、できれば商談の成約を獲得したいと考えている。このために、以下の事項が課題である。
① 既存顧客には高い評価を得ている主力商品である「グローバル・スタンダード・プロジェクト・マネジメント（略称：GSPM）」セミナーを、わかりやすく魅力ある商品として展示する企画
② より多くのお客様をブースへ招くための広告宣伝活動
③ イベント期間中に実施される自社商品PRの小セミナーのテーマ設定と講師の選定

　本書では、序章として前作「理論編」の復習も兼ねて、プロジェクト、プロジェクトマネジメント、そしてプロジェクトマネジャーに求められる知識・スキルについて解説します。
　また、最後に各ステップの活用・スキル向上の１つの方策として、「パーソナル・プロジェクトへの適用」についても記します。

序 章

0-1 プロジェクトとは

プロジェクトの定義

　私が住んでいる市の広報誌を見ると、「ミツバチ夢プロジェクト」「アーカスプロジェクト」などの言葉がすぐに見つかるなど、「プロジェクト」という言葉は巷にあふれています。しかし、その内容をよく読んでも、それが何を目的とした活動なのか、よくわからないのも事実です。

「プロジェクトとは何ですか？」という質問にはどう答えたらよいのでしょうか。まずプロジェクトを定義することから始める必要がありそうです。

　プロジェクトを定義する際にキーワードとなる言葉があります。「独自性」と「期間を限定」の2つです。

　プロジェクトの一般的な定義は次の通りです。
「それぞれの独自性のある目標を達成するために、期間を限定して行う一連の活動。それは①スコープ・品質、②資源（ヒト、モノ、カネ）、③時間、の3つの要素をバランスよくコントロールして行う」

　プロジェクトには必ず達成すべき目標がありますが、それはプロジェクトごとに異なる独自性のある目標です。また、プロジェクトには必ず「いつまでに目標達成するか」という明確な期限があり、いつまでもダラダラと行うものはプロジェクトとは呼べません。

　プロジェクトを構成する要素には主に以下の3つがあり、これらは三大制約要件と呼ばれます。

①スコープ・品質

　プロジェクトの最終段階ででき上がる成果物をどのレベル

序章

プロジェクトの3つの要素

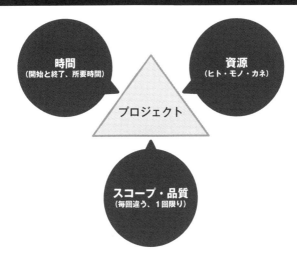

で完成するのかを決めるものです。

②資源

プロジェクトに投入できる費用、人的資源、設備や資材。

③時間

いつまでにプロジェクトを完了し、成果物を完成するのか。納期とも呼ばれます。

　上記3つの制約条件をバランスよくコントロールするのがプロジェクトです。たとえば、JR東海が現在建設を進めている中央リニア新幹線は、「2027年までに品川－名古屋間に目標とする性能を持ったリニア新幹線を開業する。総予算は5兆1,000億円」と発表されています。このプロジェクトは、上記3つの制約条件をコントロールしながら進める巨大プロジェクトです。

0-2 プロジェクトマネジメントとは

■プロジェクトマネジメントの定義

プロジェクトマネジメントとは、次のように定義できます。

「プロジェクトの目標達成に向けて、効果的に計画、実行、コントロールしていくこと。そのためにプロジェクトマネジメントに特有なスキル・技法やシステムを駆使していく」

このプロジェクトマネジメントに特有なスキル・技法やシステムがPMBOKの10の知識エリアに書かれています。

プロジェクト・マネジャーがプロジェクトを成功に導くためには、標準化されたスキル・技法およびシステムを使うことが必要です。多くの企業・組織で活用されているスキル・技法そしてシステムなどを駆使してプロジェクトをマネジメントしていくことが求められます。

「本書の構成」(12ページ)で前述したように、プロジェクトマネジメントは5つのプロセス群で構成されています。①立上げ、②計画、③実行、④コントロール、⑤終結の5つです。

PMBOK第6版のパート2「プロジェクトマネジメント標準」には、プロジェクトマネジメントにおいて求められるスキル・技法やシステムを5つのどのプロセスでどのように活用していくのかが詳細に紹介されています。

また、PMBOK第6版では、「テーラリング」という考え方を強調しています。本来の意味は「仕立て直し」ですが、プロジェクトマネジメント標準を自らのプロジェクトに適用するときは、それぞれのプロジェクトの特性、ステークホルダーなどの環境要件を熟慮して、それぞれのプロジェクトに合致したプロセスを構築することが必要なのです。

プロジェクトマネジメントの定義

プロジェクトマネジメントの定義

プロジェクトマネジメントとは

⬇

一連の技法、プロセス、システムを駆使し、

⬇

プロジェクトを効果的に計画、実行、コントロールする

プロジェクトマネジメント5つのプロセス群

立上げ → 計画 → 承認 → 実行 → 終結
コントロール

0-3 プロジェクト憲章を発行する

プロジェクト憲章とは

プロジェクト憲章とは、プロジェクトのスポンサー（プロジェクトの実行を命じる人。オーナーと呼ばれることもあります）が発行するもので、次のような役割を持っています。

- プロジェクトの発足を宣言する
- プロジェクト・マネジャーを任命する
- プロジェクトの計画に着手することを認める

プロジェクト憲章発行までのプロセスは次の通りです。

①ビジネスニーズを検討する

最初に、なぜこのプロジェクトを行うのか、Why（その背景）を明確にします。

②プロジェクトの妥当性を評価する

このプロジェクトを実施することは、経営目標に沿っているのか、社内の資源は十分か、費用対効果はどうなのかなどの評価を行い、実施の判断をします。

③プロジェクト・マネジャーを任命する

プロジェクト遂行に必要な経験、スキル、そして人間関係のスキルなどを考慮して、最適な人物を任命します。経験が若干不足していても、その人物の成長、経験のためにプロジェクト・マネジャーに指名することも時にあります。

④プロジェクト憲章を発行する

プロジェクト憲章とは、プロジェクト・マネジャーの任命と同時に、プロジェクトの計画策定に着手することを認めるものでもあります。

「拡販イベント出展」を例にプロジェクト憲章を示します。

プロジェクト憲章の例

プロジェクト名：拡販イベント出展プロジェクト
発効日：20XX 年○月△日

プロジェクト・スポンサー： 嶋中事業部長	プロジェクト・マネジャー： 松村かおりさん

弊社の主力商品である「GSPM」のプロジェクトマネジメントセミナーとしての有用性と効果性を PR するため、JAPMA 主催の PM セミナーに出展するプロジェクトを立ち上げます。松村さんをプロジェクト・マネジャーに任命します。概要は以下の通りです。

プロジェクト目標：
今から3カ月後に開催される JAPMA 主催の PM セミナー（東京ビッグサイト）に GSPM の紹介ブースを出展、紹介セミナーも実施する。これにより、新規商談の成約を目指す。

成果物：プロジェクトにて詳細検討のこと
セミナー終了後は、報告会を実施のこと

期限：3カ月後に開催される PM セミナー セミナー終了後1週間以内に 報告会を実施	予算：YYY 百万円以内

役割・責任：○○さんの役割・責任は以下の通り
1.
2.

権限：
プロジェクト目標達成のため、○○さんに次の権限を委譲します
1.
2.

署名：嶋中秀一

ステップ1

目標を明確にする

1-1 目標を明確にするとは

　プロジェクト憲章の発行を受けて、プロジェクト・マネジャーが最初に行うステップは、プロジェクトの目標を明確にすることです。

〈What〉

　プロジェクトを開始するに当たって、最初にプロジェクトで何をするのか、プロジェクトの目標を明確にします。プロジェクトは、①スコープ・品質、②時間、③資源（ヒト・モノ・カネ）の3つの要素を管理し、バランスをとりますが、この3つの要素を明確にします。このステップでは、プロジェクトの最終成果物を規定します。

　プロジェクトの成果物とは、プロジェクトの完了により得られる具体的なアウトプットです。たとえば、新製品の発売、マーケティング・キャンペーンの実施、新企画の承認の取り付け、新システムの導入などです。

「プロジェクトを定義する」「ビジネス・プランを作る」「スコープを定義する」などとも呼ばれます。

〈Why〉

　プロジェクトの目標を明確にするとは、「プロジェクトの目標を塀の中に囲い込む」ことを意味します。つまり、塀の中の目標だけに集中して、塀の外の事項には手を出さないことが必要です。一旦プロジェクトが始まると、チーム・メンバーは「あれもやりたい」「これも取り入れたほうがよいだろう」と、塀の外の事項に手をつけ出します。また、求められる以上の品質にすることを希求しはじめます。そのため、プロジェクトにとって本当に必要な塀の中の事項がおろそかになり、

プロジェクト目標を塀の中に囲い込む

塀の中のスコープに集中

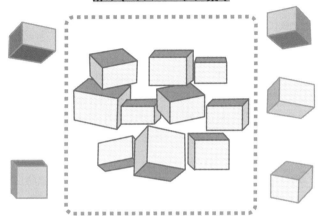

決められた納期内にプロジェクトが終了しない恐れが生じます。プロジェクトに求められる3つの要素を満たすために、「選択と集中」が必要なのです。

〈How to〉

プロジェクトの目標を明確にする手順です。

①真のニーズを把握する
②最終成果物を決める
③3つの要素の優先順位を決める
④「プロジェクト目標」を文書化する
⑤変更管理の手順を決める
⑥プロジェクトの基本ルールを決める
⑦「プロジェクト・ファイル」にまとめる

次項以降、それぞれの項目について、詳しく説明します。

1-2 目標を明確にする手順（1）

①真のニーズを把握する

プロジェクト憲章が発行されても、プロジェクトのニーズがはっきりしないケースがあります。あるいはプロジェクト憲章が発行されない場合もあります。いずれの場合も、プロジェクトのスポンサーに、「なぜ、このプロジェクトを実施する必要があるのか」を質問して、その背景を明確にすることが必要です。「根掘り葉掘り」質問を繰り返し、プロジェクト実施の背景（Why）を理解するのです。

②最終成果物を決める

最終成果物を決めるとは、プロジェクトが完了した時点での姿を明確にしておくことです。

具体的には、以下のものを網羅します。

- 「プロジェクトの成果物」：プロジェクトを実行することで生み出される成果物で、プロジェクトの中間で完成する成果物（中間成果物）と完了時に生み出される成果物がある。
- 「完了・成功の判断基準」：どのような状態になればプロジェクトは完了と言えるのか、成功と言える状況は何かを明確にする。完了の判断基準を定めておかないと、プロジェクトをいつまでも引きずることになりかねない。成功の判断基準は、プロジェクトの評価基準である。3つの要素（スコープ・品質、時間、資源）の目標値をクリアすることも成功の判断基準となり、プロジェクトの成果が社内で大きな評価を受け、社長賞を受賞することなども成功の判断基準となる。完了の判断基準と成功の判断基準は、時期が異なることもある。たとえば、新商品開発プロジェクトで、完

目標を明確にする手順

1. 真のニーズを把握する
2. 最終成果物を決める
3. 3つの要素の優先順位を決める
4. 「プロジェクト目標」を文書化する
5. 変更管理の手順を決める
6. プロジェクトの基本ルールを決める
7. 「プロジェクト・ファイル」にまとめる

了の判断基準を期日どおりに市場に投入すると認定し、成功の判断基準を新商品販売後6カ月間の販売数が目標を超えると設定したときなどである。

- 「仕様・品質基準」：プロジェクトの成果物に求められる仕様や品質基準も具体的に明確にする。これらの目標値達成も成功の判断基準となる。
- 「プロジェクトの依頼者やエンド・ユーザーにもたらす利益」：直接的なプロジェクトの依頼者が誰なのか、このプロジェクトの完了によって、最終的な利益を受けるエンド・ユーザーは誰なのかをはっきりしておく。プロジェクトの成功は、エンド・ユーザーに利益をもたらすことが重要な要素となる。

1-3 目標を明確にする手順（2）

③3つの要素の優先順位を決める

プロジェクトの3つの要素（スコープ・品質、時間、資源）のどれを重視するかを決めます。

ビジネスの成功のためには、通常は複数の要素が存在します。どの要素を優先するのかをプロジェクトの依頼者やオーナーに確認しても、大抵「どれも大事」という答えが返ってきます。しかし、スコープがそれぞれ異なり、時間も資源も限られているプロジェクトで、「どれも大事」のままにしておくと、計画立案や進捗のプロセスで問題が起きて対応策を決定する場面で大変困ることになります。

そのために、プロジェクトの依頼者やオーナーと話し合い、3つの要素のどれを優先するのかをしっかり確認して合意しておく必要があります。ここで決めた優先順位は、プロジェクトの進捗状況により、変えざるを得ないこともあります。しかし、まずはスタート時点での優先順位を決めておくことが必要です。

- 「最優先の要素」：プロジェクトの依頼者が最優先する要素で、一般的に変更することができない。
- 「二番目に優先する要素」：プロジェクトの依頼者が2番目に優先する要素で、これについては、最優先の要素を順守する範囲内で、最適化・最大化を図ることが求められる。
- 「三番目に優先する要素」：目標値をできるだけ緩やかなものにしておくということ。納期はいつまででもよい、できるまでやる、予算は無制限であり、いくらでもオーバーできる、といった類のものではない。

3つの要素の優先順位

	時間	資源	スコープ
最優先	❶		
2番目に優先			❷
容認		❸	

〈問題〉

「序章0-1」で紹介したJR東海の進める「中央リニア新幹線」プロジェクトの3つの制約条件のうち、最優先する制約要件はどれでしょうか。JR東海は記者会見で最優先すべき制約条件を発表しています。

a) スコープ・品質：品川〜名古屋間に目標性能を実現したリニア新幹線を開通させる

b) 納期・期限：2027年

c) 予算：5兆1,000億円（ただし、長期債務額4.9兆円を超えない）

1-4 目標を明確にする手順（3）

問題の解答

前項の問題の答えは、c) の予算です。このプロジェクトはJR東海という私企業の利益と借入金で資金が調達されますが、その借入金の長期債務額が4.9兆円を超えないことを最優先とすると発表しています。したがって、JR東海の財務状況が厳しくなると、開通期限の2027年が繰り延べになることが予想されます。それ以上に「中央構造線」の通る南アルプスの下にトンネルを通す難工事により、プロジェクトの所要期間は大きく延びることも予想されるので、少なくとも納期が最優先でないことはたやすく推測できます。

④「プロジェクト目標」を文書化する

プロジェクトの目標は、具体的に記述する必要があります。たとえば、日本国憲法の各条項が具体的目標だとすると、その概要を表した憲法前文に該当するものと言えるでしょう。

日本語ですと300字以内、英語なら100語以内で簡潔にまとめますが、以下の情報を必ず盛り込みます。

- 「誰が」：プロジェクトの依頼者、最終成果物のユーザーは誰か。
- 「何を」：プロジェクトの最終成果物、完了・成功の判断基準。関係者が関心を持つ情報。
- 「なぜ」：プロジェクトを実施する理由。プロジェクトの重要性を盛り込み、メンバーのやる気を高める。

その他、プロジェクトの完了基準、予算なども必要に応じて盛り込むことがあります。

⑤変更管理の手順を決める

ステップ1 目標を明確にする

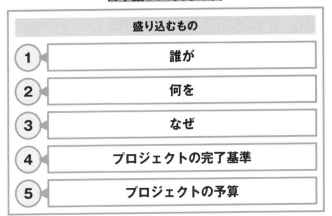

プロジェクト実施中に、プロジェクトのスコープが変わることがあります。理由は、プロジェクト依頼者からの変更要請、社会的問題への対応、競合他社の動向など、様々です。

スコープ変更をそのまま取り入れると、納期が守れなくなったり、予算が膨大になるなど、プロジェクトは間違いなく破綻します。したがって、変更内容を文書にまとめ、変更がプロジェクトに与える影響を評価し、採用の可否を決める手順を予め決めておく必要があります。ビジネス環境の変化が著しい今日、プロジェクトのスコープ変更は避けて通ることができません。スコープ変更をどのようにコントロールするか、そして、依頼者をはじめとするプロジェクト関係者の間で共有しておくことが肝心なのです。

変更管理の手順は、ステップ9で詳しく説明します。

1-5 目標を明確にする手順（4）

⑥プロジェクトの基本ルールを決める

プロジェクトを実施していく上で重要な事項の基本的なルールを予め決めておきます。

- プロジェクト・チーム（プロジェクト・マネジャー、チーム・メンバー）の構成
- プロジェクト・マネジャーやチーム・メンバーの役割、責任、権限
- 連絡ルート（内部および外部）
- プロジェクトのステークホルダー（利害関係者）
- コミュニケーション（報告する頻度、方法。定例会議の開き方、現状報告の方法）
- 計画策定について（誰がいつまでに計画を策定するのか、いつどのような方法で決めるのか、誰が最終的に承認するのか）
- プロジェクト・ファイルの構成
- プロジェクトの事後の振り返り（事後の振り返りを行うことを合意しておく）

⑦「プロジェクト・ファイル」にまとめる

プロジェクト・ファイルは次のような構成にします。

- プロジェクトのコンセプト（依頼者のニーズは何か、プロジェクトの戦略的位置づけ、3つの要素の優先順位）
- プロジェクト目標（誰が、何を、完了・成功の判断基準、なぜ、いつまでに、いくらで）
- 変更管理の手順
- 最終成果物に要求されるもの（何を含み、何を含まないか、

ステップ1 目標を明確にする

プロジェクトの基本ルールを決める

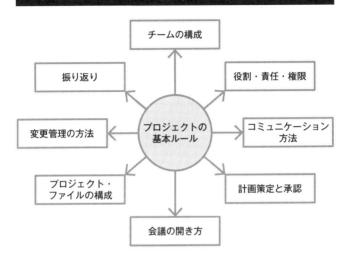

仕様）
- プロジェクトの基本ルール
- 前提条件（プロジェクトを実施するに当たって、予めほぼ確実に決まっていること）
- 過去のプロジェクトの教訓（うまくいったこと、うまくいかなかったこと、具体的アドバイス）

その他、代替案やフィージビリティ・スタディ結果などがあれば含めます。

前提条件はプロジェクトの進行中に変化することがあります。またフィージビリティ・スタディ結果も条件によっては、そのとおりに行かないこともありえます。そのときに備えてこれらを明確にしておき、リスク要件として注意しておくことが必要です。

1-6 事例:プロジェクト目標

「拡販イベント出展」プロジェクトを事例として取り上げ、各ステップをご紹介していきます。ここではまず、プロジェクト目標を文書化（300文字以内）します。

事例：拡販イベント出展プロジェクト

「このプロジェクトの目標は、3カ月後に開催されるJAPMA主催のプロジェクトマネジメント・セミナーに出展することである。これにより、当社の主力商品である『グローバル・スタンダード・プロジェクトマネジメント（略称：GSPM）』セミナーをより多くのお客様に認知していただき、会期中にできるだけ多くの新規顧客との商談の芽を出し、できれば商談の成約を獲得していく。このためには、魅力あるブース設置、広報宣伝活動をするとともに、イベントで実施される商品紹介の小セミナーを魅力ある内容としていくことが求められる。プロジェクトの依頼者は当社社長、このイベントへの参加を通じて、プロジェクトマネジメントのリーディング・カンパニーとしてのプラネット社のプロジェクトマネジメント業界やJAPMAへの貢献も果たす」

次に、具体的なプロジェクト目標を記しておきます。プロジェクト目標を作成するときのポイントは以下の「SMART」が必要です。

- Specific：具体的に
- Measurable：測定可能、数値化する
- Agreed-upon：合意されている
- Realistic：現実的、達成可能、ただし高い水準
- Time-Limited：期限がはっきりしている

ステップ1 目標を明確にする

「拡販イベント出展」プロジェクト目標

プロジェクト名:拡販イベント出展プロジェクト
プロジェクト・マネジャー:松村かおり

1. 目的
プラネット社の主力商品である「グローバル・スタンダード・プロジェクトマネジメント(GSPM)」のプロジェクトマネジメントセミナーとしての有用性と効果性を魅力的に提案し、会期中に新商談の芽を出し、商談の成約を獲得する

2. 成果物
①展示製品の用意(スライド、ポスター、セミナー教材)
②販促用カタログの作成
③小セミナーの実施
④ブースレイアウト
⑤既存顧客のリピート掘り起こし促進策

3. プロジェクトの完了判断基準
JAPMA主催のプロジェクトマネジメント・セミナーでの3日間のイベント終了後、撤収と振り返り会の実施

4. プロジェクトの成功判断基準
①会期中にブースへの集客目標数、新規顧客50名を含む300名の達成
②セミナーへの参加者数100名の達成
③新規商談件数10件(イベント終了後1カ月以内)
④リピート顧客掘り起こし目標数10件
⑤アンケート回収率70%

5. 前提条件
①できるだけ他社のユーザーに来場してもらえること

6. 制約条件
①開催までの期間 3カ月
②予算 100万円

1-7 キック・オフ・ミーティングを開く

■キック・オフ・ミーティングが必要な理由

　目標設定が終わったらプロジェクトをキック・オフします。計画プロセスに入る前にチーム・メンバーを集めて、キック・オフ・ミーティングを実施します。キック・オフ・ミーティングの目的は、計画策定に当たって、プロジェクトの目標をチーム・メンバーの間で共有することです。

　プロジェクト・マネジャーはプロジェクトの概要を説明し、プロジェクトの重要性をチーム・メンバーによく理解してもらいます。短期間のプロジェクトでは、次のようなことがよく起こります。

　プロジェクト・マネジャーだけがプロジェクトの目標を理解しており、チーム・メンバーにその目標を伝えないまま、あれや、これやと作業指示を出します。チーム・メンバーは勤勉ですから、目標がわからないまま指示に応え、作業を完了します。何度かこのような作業を繰り返し、プロジェクトが終了し、チーム・メンバーに感想を聞くと、「何をやっているのかわからないままに終わってしまった」「終わっても嬉しくない」「言われるままに作業はしたが、やりがいがないね」などの声が出てきます。

　せっかくプロジェクト・メンバーに選ばれたのに、「プロジェクトが何を目標として実施されるのか」「目指すゴールはどこなのか」といったことをチーム・メンバーで共有することなくプロジェクトをスタートさせれば、チーム・メンバーが自由に思いつきのまま作業を行っていく危険性をはらんでいます。

プロジェクト・マネジャーがチーム・メンバーにプロジェクトの目的を正しく伝えられなければ、プロジェクトは失敗する

　筆者が、「標準10のステップ」セミナーをある企業で行ったときのことです。「全社統合業務パッケージ（ERP）導入」プロジェクトの立上げに当たり、全社員を対象にプロジェクトのキック・オフ・ミーティングを実施しました。その場で、社長からプロジェクト・チームの紹介やプロジェクトの目標が伝えられ、その重要性を全社員で共有しました。社員全員がERPプロジェクトのステークホルダーとなりますので、ここまで徹底したキック・オフ・イベントを行ったのです。プロジェクト・メンバーの意欲が上がったのがよくわかりました。

　ステークホルダーを全員対象とまでいかなくても、主要ステークホルダーとプロジェクト・チームを対象としたキック・オフ・ミーティングを実施する価値は充分にあります。

1-8 プロジェクトの選択

プロジェクトをどのように選択するか

　プロジェクトは、なんらかの経営目的を持って計画されます。しかし、目的を達成する手段は1つではなく、複数の手段が存在します。一般には、複数の選択肢から1つの手段として、プロジェクトを決定するプロセスを踏みます。

　筆者は、以前、自動車メーカーの海外営業部門で中東市場を担当していましたが、競合メーカーA社がその市場での主力商品である四輪駆動車の新モデルを投入するという情報が入りました。四輪駆動車は、中東マーケットでは「金のなる木（マーケティング用語で「収益源」のこと）」です。A社の新モデルを分析すると、高排気量の新型エンジンを搭載し、当社のモデルを凌駕することが判明しました。これに対抗するにはどうすればよいか、関係部署による検討会が開催され、いくつかの候補案が提案されました。

〔1案：A社の新モデルを上回るエンジンを開発する〕

　この案は開発投資が莫大で、主力市場である日本では高性能エンジン搭載の四輪駆動車は必要ではなく、対投資効果が低いことから、選択肢から消えていきました。

〔2案：他の乗用車に搭載しているV型8気筒エンジンを搭載する〕

　この案では、新型エンジンの開発費はかからないものの、V型8気筒エンジンの特性は乗用車向きで、オフロード専門の四輪駆動車で要求されるオフロードでの走行性能を満足させないとの理由で、消えていきました。

〔3案：現モデルに搭載しているエンジンの排気量アップを

ステップ1　目標を明確にする

第4案フィージビリティ・スタディ風景
（砂漠での走行実験）

図る〕

　この案も開発費用や開発期間が意外とかかることから消えていきました。

〔4案：現モデルに搭載しているエンジンにターボ・チャージャー（過給機）を装着し走行性能を高める〕

　結局、消去法でこの案が残り、次にターボ・チャージャーを装着したエンジンが、中東の砂漠の微小な砂に耐えられるかの技術的なフィージビリティ・スタディに入ることになりました。この結果、性能的には可能との判断で、マイナー・モデル・チェンジのプロジェクトがスタートしました。この決定の背景には、当時は経営環境が厳しく、開発投資費用が最大の制約要因であったことがあります。

1-9 プロジェクト選択の方法

最適案選択方法の決定

制約条件が厳しいとよい案が選ばれなくなる可能性があります。ここでは、いくつかの選択肢(候補案)の中から、最適な候補案を選ぶ方法を紹介します。

① 決定目的を明らかにする
② 達成したい目標、制約条件を考える
③ 必須の目標・条件を選び出す
④ その他の目標・条件の優先順位を考える
⑤ 各候補案を評価する
⑥ リスクを検討する

ケーススタディ

事例「拡販イベント出展」をもとに説明します。

①決定目的を明らかにする

事例「拡販イベント出展」プロジェクトをなぜ実施するのか、その理由を考えます。ここでは、主力商品「GSPM」の拡販です。とりわけ、新規顧客開拓です。

②達成した目標・制約条件を考える

できるだけ新規顧客に売り込みたい、「GSPM」のみならず他の商品も拡販につなげたい、商談につながる確率を大きくしたい、予算は100万円以内に収めたい、などの事項を挙げます。

③必須の目標・条件を選び出すMUST

必ず達成しなければならない目標・条件を考えます。「予算100万円以内」は必ず守らなければならないとしたら、これが該当します。これを「MUST」と呼びます。

ステップ1 目標を明確にする

最適案件選択方法決定の方法

評価基準＼候補案	1.				2.				3.			
MUST	情報				情報				情報			
WANT	W	情報	S	WS	情報	S	WS	情報	S	WS
評価点(W×Sの合計点)										

④その他の目標・条件の優先順位を考える（WANT）

MUST以外の項目は、「WANT」と呼びます。WANTが複数あるときは、優先順位順に重み付け（ウエイト：W）をします（5段階あるいは10段階）。このときの優先順位は、決定目的から考えて、重要な項目から優先順位を高くします。

⑤各候補案を評価する

WANT項目ごとに、候補案の内容を検討し、望ましい順位にスコアー（S）をつけます。各項目のW×Sの積を求め、評価点を算出します。

⑥リスクを検討する

評価点の高い2つの案の持つリスク要素を考えて、実施する上での障害がないか、それは対策が打てないかまで考慮して、致命的なリスクがない案を選択します。

コラム❶ ステークホルダー・マネジメント

　PMBOK 第5版（2012年12月改訂）では、新たな知識エリアとして「ステークホルダー・マネジメント」が追加されました。

　ステークホルダーとは、PMBOK では「プロジェクトに積極的に関与しているか、またはプロジェクトの実行あるいは完了によって自らの利益がプラスまたはマイナスの影響を受ける、個人および組織」と定義されています。PMBOK 第4版までは「コミュニケーション・マネジメント」に含まれていましたが、今回、1つの知識エリアとして独立させたことは、プロジェクトを取り巻く関係者は幅広く多数に及ぶため、プロジェクトの成功によって、その人々・組織との関係を適切に維持していくことの重要性を示していると思えます。
「ステークホルダー・マネジメント」のポイントは、プロジェクトの立上げプロセスにおいてステークホルダーを特定すること。そして、計画プロセス、実行・コントロールプロセスにおいてもステークホルダーと良い関係を保つことです。

　そのためには、ステークホルダーをプロジェクトに対する関心度合の「高い・低い」、プロジェクトに対する影響度合の「高い・低い」の2つの指標で分類し、主要ステークホルダーに対しては、それぞれのプロジェクトについての目標は何か、要求事項、主な期待は何かを具体的にし、それぞれに対する報告・連絡・相談のいわゆる「報連相」計画を立て、きめ細かく実行することが大切です。

　本書では各ステップを事例「拡販イベント出展」プロジェクトを使って説明していますが、次ページの図は、「拡販イベ

ステップ1 目標を明確にする

「拡販イベント出展」プロデューサーのステークホルダー

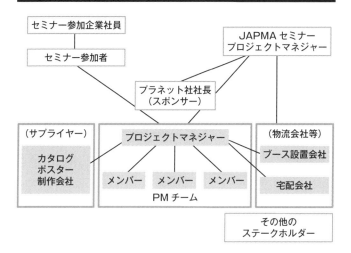

ント出展」プロジェクトの主なステークホルダーです。

プロジェクトには広範囲なステークホルダーが関与しています。プロジェクトの推進過程において、スポンサーであるプラネット社社長、JAPMAのセミナープロジェクトマネジャー、サプライヤー、そして物流会社などのステークホルダーとの間には、適切な報告・連絡・相談を継続していくことが重要です。また、イベントやセミナーの参加者も大切なステークホルダーです。「拡販イベント」における展示内容、セミナーにおけるプレゼンテーション内容に関しては、セミナー参加者への訴求ポイントを反映できれば効果的となります。プロジェクトでは、その実行によって最終的に影響を受ける人々は誰なのか、それはどのようなものが好ましいのかを常に考慮することが重要です。

ステップ 2

作業を分解する

2-1 作業を分解する

　プロジェクトの目標を明確にしたら、計画プロセスに進みます。計画プロセスで最初に行うことは、プロジェクトの作業を分解することです。

〈What〉

　プロジェクトの目標を達成するために必要な作業を小さく分解します。ここでは方法として WBS を使います。WBS（Work Breakdown Structure）とは、作業分解図とも呼ばれ、プロジェクトの完成に必要なすべての作業を階層的に示した系統図です。WBS はプロジェクトマネジメントにおいて、大変重要な役割を果たします。お城で石垣がしっかりしていないと天守閣も崩れてしまいます。プロジェクトでも WBS が計画策定の基礎に当たり、これがしっかりしていないと、スケジュールも予算も守れなくなります。

〈Why〉

　プロジェクトのスコープが大きい場合、あるいはプロジェクトが複雑な場合、作業が大きな括りのままでは、必要な作業が漏れることがあります。何をする必要があるのか、作業がわかる範囲までできるだけ細かくしていきます。一つひとつの作業がすべて終了すれば、プロジェクトは完了することになります。言い換えれば、WBS に含まれない作業は、プロジェクトでは対象外です。ステップ1で「プロジェクトの目標を塀の中に囲い込む」と述べましたが、WBS に含まれない作業は、塀の外の作業ということです。

　「選択と集中」とは、WBS で洗い出された作業のみに集中するということなのです。

WBSの作成

WBS（作業分解図）

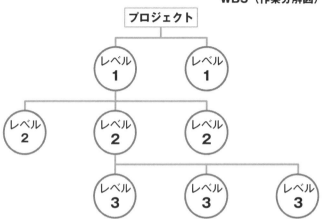

〈How to〉

作業を分解する手順です

①プロジェクト・チームから情報・意見を求める

②プロジェクト目標を再検討し、必要なら書き直す

③プロジェクトを最初の大きな切り口で分解する

④③の作業を更に細かく分解する

⑤ワーク・パッケージ（WBSの最下位の作業）まで分解する

⑥それぞれのワーク・パッケージに責任者と成果物を決め、WBSを一覧表にまとめる

⑦ワーク・パッケージの「作業記述書」を作る

2-2 作業を分解する手順

①プロジェクト・チームから情報・意見を求める

この方法には、アンケート、面談、グループ討議などいくつかあります。プロジェクト・チームの人数が多くないときは、全員参加で、グループ討議で洗い出すのがお勧めです。メンバーの参画意欲を高めることにもなります。

②プロジェクト目標を再検討し、必要な場合、書き直す

メンバーからの意見によっては、重要な成果物が目標に含まれていなかったことが判明することもあります。そのときは目標を書き直すことになります。この場合はステークホルダーの合意が不可欠です。

③プロジェクトを最初の大きな切り口で分解する

最初の切り口（レベル１）が大事です。WBS作成では、ダブリ、ヌケ、モレを出さないことが重要ですが、そのためにはレベル１をどのように分けるかが鍵です。レベル１の切り口はいくつかあります。

＊成果物　＊製品の部品・構成　＊機能　＊組織単位
＊地域　＊経費項目　＊時期　＊作業　など

プロジェクトによって、どの切り口が適しているのかは異なります。自分のプロジェクトでの最適な切り口を見つけておくことが大切です。たとえば、東京駅八重洲口の再開発プロジェクトでは、第一期工事が2007年11月完成、第二期工事は2012年完成の計画で行われました。これはレベル１を時期で大きく分けている例です。

④レベル１の作業をさらに細かく分解する

レベル１の作業をより細かく分解します。レベル１が成果

WBSレベル1（例）

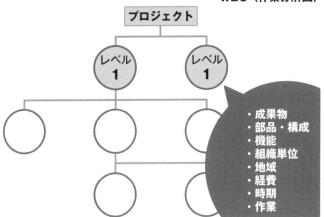

WBS（作業分解図）

- 成果物
- 部品・構成
- 機能
- 組織単位
- 地域
- 経費
- 時期
- 作業

物以外で分けられたときは、レベル2は成果物で分けてみるとよいでしょう。成果物で分けることにより、作業のヌケ、モレを防ぎやすくなります。

⑤ワーク・パッケージまで分解する

WBSの最下位の作業をワーク・パッケージと呼びます。ワーク・パッケージは、プロジェクトマネジメントでは大変重要な要素です。しかし、作業をどこまで細かくすればよいのか、ワーク・パッケージの大きさはどのくらいなのか、判断に迷うところです。次項でその原則について述べます。

2-3 ワーク・パッケージ

　ワーク・パッケージの大きさの原則は、「作業がそれ以上分解できないところまで分解し、モレなく取り込む」ことですが、ポイントがいくつかあります。

■作業工数を見積りできる大きさまで分解する

　作業工数とは、その作業を完了するために必要な作業時間の絶対量のことです。スケジュールに落とし込んだ所要時間とは異なります。1人の人が2週間かかる作業の作業工数（1人×2週）と、2人の人で1週間かかる作業工数（2人×1週）はどちらも同じです。専門用語で2人週と言います。

■作業分解のレベルはまちまちでもよい

　作業工数が見積りできればよいので、十分に実績のある作業は、あまり細かく分解しなくてもよく、経験の少ない作業や複雑な作業は細かく分解します。さもないと、作業完了までにどのくらいかかるかわかりづらいからです。

■40－80時間の原則

　1つのワーク・パッケージの作業工数は40時間程度との原則があります。理由は、見積りが可能であり、プロジェクトの実行・コントロールプロセスで、1週間単位（8時間×5日）だと管理しやすいということがあります。

■作業を「○○を××する」と表す

「○○」が成果物にあたり、「××」が作業の完了基準になります。このように表すと、どのような作業をどこまで行えばよいかが明確になりますし、見積りもしやすくなります。

　たとえば、新幹線の乗り換えの改札口では、何種類かの切符や在来線で使用したSuicaなどのカードを一緒に入れるこ

ステップ2 作業を分解する

ワークパッケージ

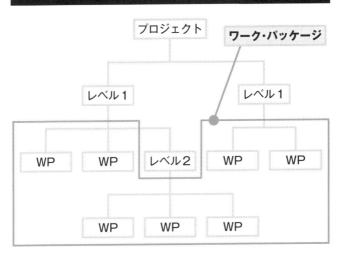

とが必要です。しかし、手順がよくわかりません。このとき「乗車券と特急券を一緒に入れる」⇒「Suicaを入れる」と表示してあると動作の内容がよくわかります。

　ワーク・パッケージには、その作業が完了したときにでき上がる「成果物」が明記されていることが重要です。たとえば、「イベント企画を検討する」よりも「イベント企画書を作成する」としたほうが、検討作業の結果として「イベント企画書」という成果物が得られるということが明確になります。

2-4 WBS一覧表、作業記述書

⑥それぞれのワーク・パッケージに責任者と成果物を決め、WBS一覧表にまとめる

- それぞれのワーク・パッケージには必ず責任者を一人決めます。
- WBS一覧表にまとめます。WBS一覧表には、作業番号、ワーク・パッケージ、責任者、成果物を記入します。

⑦ワーク・パッケージの作業記述書を作る

作業記述書には、次の内容を盛り込みます。

*作業番号　　　*作業内容　　*責任者　*作業の説明
*作業の成果物　*作業完了の判断基準　*前提条件

特に重要なのは、作業完了の判断基準です。この作業はどこまで行えばよいのかがはっきりしていないと、作業工数の見積りも困難です。

みなさんは「ゆで卵は何分間茹でればゆで卵と言えますか？」という問いにどのように答えますか？　きっと答えは様々でしょう。「私は柔らかいほうが好きなので6分です」「ゆで卵は硬くないとダメです。最低でも10分です」「ゆで卵は水からつけて12分です」など……。

ゆで卵をゆでる時間はその人の好みによって、多い、少ないがあってもよいでしょう。しかし、プロジェクトの作業がこれでは困ります。作業者によってばらつきが大きく出ないように、完了基準をはっきりしておくことが必要です。特に経験の少ない作業、複雑な作業は完了基準を明確にしておくことが肝要です。WBS一覧表と作業記述書の例を次項2－5に掲載したので参照してください。

ステップ2　作業を分解する

「拡販イベント出展」WBS

拡販イベント出展

A 企画・宣伝

- **A-1** イベント企画書を作成する
- **A-2** イベントを実施する

B 販促物

- **B-1** 案内状を作成する
- **B-2** 案内状を発送する
- **B-3** イベント用カタログを作成する
- **B-4** ポスターを作成する

D ブース

- **D-1** ブースをデザインする
- **D-2** ブース設置を手配する

E 商品紹介セミナー

- **E-1** セミナーシナリオを作成する
- **E-2** セミナー用スライドを作成する
- **E-3** 商品セミナーを実施する
- **E-4** アンケートを作成する

C 展示品

- **C-1** 展示物を選定する
- **C-2** 説明パネルを作成する
- **C-3** デモ用スライドを作成する

2-5 事例: WBS一覧表、作業記述書

前項2－4で説明したWBS一覧表と作業記述書の例です。

プロジェクト名：拡販イベント出展
プロジェクト・マネジャー：松村かおり
作成日：20××年10月2日

作業番号	ワーク・パッケージ	責任者	成果物
A1	イベント企画書を作成する	松村かおり	企画書（文書）
A2	イベントを実施する	前川雄三	新規商談可能案件
B1	案内状を作成する	田中理子	案内状（文書）
B2	案内状を発送する	田中理子	案内状送付済みリスト
B3	イベント用カタログを作成する	田口さつき	カタログ
B4	ポスターを作成する	田口さつき	ポスター
C1	展示物を選定する	前川雄三	選定された展示物
C2	説明パネルを作成する	嶋中一郎	パネル
C3	デモ用スライドを作成する	嶋中一郎	パワーポイントスライド
D1	ブースをデザインする	浅井　肇	設計図（文書）
D2	ブース設置を手配する	浅井　肇	発注書、設置されたブース
E1	セミナーシナリオを作成する	松村かおり	セミナー用シナリオ
E2	セミナー用スライドを作成する	松村かおり	パワーポイントスライド
E3	商品セミナーを実施する	松村かおり	回収したアンケート
E4	アンケートを作成する	前川雄三	アンケート（文書）

作業記述書

プロジェクト名:拡販イベント出展
マネジャー:松村かおり
作成日:20XX年10月2日

作業No:D2
作業内容:ブース設置を手配する
担当者:浅井 肇

〈作業の説明〉
ブースの設計図に基づき、ブース設置の要件書の作成、業者選定、外注発注書作成を行いブースの設置の検収を行う

〈作業の成果物〉
仕様要件書、選定された業者、外注発注書、検収結果チェックリスト

〈完了・終了の判断基準〉
仕様要件書、発注書に基づき設置されたブースの検収を行う、予め用意された検収チェックリストに従い、チェックの結果必要とあれば作業の追加、修正を指示、仕様要件を満たしていれば、検収の判断を行うこと。

〈前提条件〉
業者選定に関しては、新規の業者の選定も可とするが、見積りを取り、品質、予算内で発注とする。

コラム❷ 「教育体系再構築」プロジェクトWBS

　筆者が大手通信会社在職中に手がけた「教育体系再構築」プロジェクトは、紆余曲折はありましたが、トライアル期間も含めて、1年後に完了しました。そのときに作ったWBSをご紹介します。

　このプロジェクトのWBSのレベル1は、成果物を切り口に検討し、次の4つに分けました（次ページの図参照）。

- 「基本構想」：教育体系の改訂は、経営会議の承認を必要としました。そのため、経営会議に提案する「教育基本方針」「改訂後の教育体系」等の成果物が必要となります。このレベル2は、環境分析、基本方針策定、教育体系策定、推進組織の4つで構成しました。
- 「プログラム策定」：教育体系は、階層別研修、選択性研修、選抜性研修の3本柱からなり、それぞれのプログラムを外部業者のプログラムからの選定、内製でのプログラム作成を行います。レベル2はこの3本柱で構成しました。
- 「年度計画」：教育体系の改訂中といえども、教育をストップすることはできません。並行して、新教育体系での初年度計画の策定が必要です。レベル2は、初年度の教育計画の策定と、教育計画実施のために必要な講師選定・手配や研修会場の手配関係で構成しました。
- 「システム構築」：教育システムは、人事システムの一部を構成します。人事システムとの整合性をとることが必要なため、このレベル1は、しんどい作業が連続しました。レベル2は、展開・募集システム、受講歴管理で構成しました。

「教育体系再構築」プロジェクト WBS

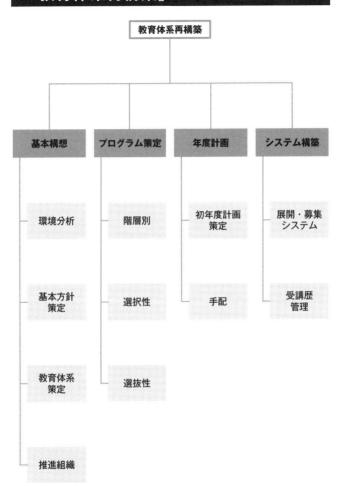

ステップ3

役割を分担し、所要期間を見積る

3-1 役割を分担する

　ステップ3は、役割を分担し、所要期間を見積ります。このステップは大きく2つに分かれ、前半は役割分担で、後半は所要期間の見積りです。まず役割分担について述べます。

〈What〉

　ステップ2で作成したワーク・パッケージを誰がするのか、プロジェクト・メンバーの役割と責任を決めます。プロジェクト・メンバーは、各人の経験やスキルなどを考慮して人選しますが、その経験やスキルをどの作業に活用してもらうのかを具体的に決めます。

〈Why〉

　ワーク・パッケージの作業は、ステップ2で責任者を決めましたが、責任者1人で行えるものもあれば、1人では大変なものもあります。誰かサポートする適任者がいれば、そのメンバーにも手伝ってもらえば作業は早く進みます。また、チーム・メンバーが活躍できる場を設定し、経験を積んでもらうことも必要です。

〈How to〉

　役割分担の手順です。

①プロジェクトを成功させるために必要なスキルをリスト・アップする

②チーム・メンバーのスキル、経験の組み合わせからメンバーを選ぶ

③チーム・メンバーと相談の上、役割と責任を決める

④チーム・メンバーと関係部門から、同意をとる

⑤役割と責任を「役割分担表」にまとめる

ステップ3　役割を分担し、所要期間を見積る

⑥役割分担表で、具体的に誰が、なにをするのか同意を取り付ける

　参加の同意とは、コミットメント（Commitment）です。コミットメントとは「必ず実行する」という確約で、プロミス（Promise）とは違います。ある人は両者の違いを次のような事例を使って説明します。「プロミスとは、たとえば次の土曜日に奥さんと前から楽しみにしていた映画を観に行く約束をしていたが、急に仕事が入って行けなくなったので、またの機会に延ばすことにしたが、いつ行くのか確約がないこと。一方、コミットメントとは、急な仕事であろうが、後回しにして必ず土曜日には映画に行くことを最優先すること」

　私生活では、なかなかできないことですが、プロジェクトにおいてはプロミスではなく、コミットメントが重要です。

3-2 役割分担のポイント(1)

　このステップの手順は比較的簡単ですので、役割分担のポイントだけ説明します。

役割分担の種類と記号

　役割分担表には、役割は以下の記号で示します。

P：責任者（Prime）

　各ワーク・パッケージには必ず1人の責任者をつけます。責任者とは、作業の完了に責任を持つ人のことです。責任者を1人とすることで、責任のなすりあいを予防します。プロジェクト・マネジャーは、作業の状況報告を責任者から得ることにします。また、その作業に関してのコミュニケーションは、責任者に集中します。

S：支援者（Support）

　支援者は各ワーク・パッケージに0～N人です。支援者が多数いるときは、責任者と各支援者の作業内容を明確にしておくことで、作業工数の見積りもより正確になります。

A：承認者（Approver）

　作業内容について承認を得る必要があるときは、承認者を決めておきます。

R：検討者（Reviewer）

　作業について一緒に検討する人で、必要に応じて決めます。

N：報告しておくべき人（Notify）

　作業に関して報告が必要な場合は、決めておきます。

SME：専門家（Subject Matter Expert）

　一般的な意味では、その作業の専門家です。予算見積りでは、経理担当者が専門家になりますが、ここではもう一つ特

ステップ3 役割を分担し、所要期間を見積る

役割分担表（RAM）の例

RACI表	担当者				
アクティビティ	アン	ベン	カルロス	ダイナ	エド
定義	A	R	I	I	I
設計	I	A	R	C	C
制作	I	A	R	C	C
試験	A	I	I	R	I

R＝実行責任、A＝説明責任、C＝相談対応、I＝情報提供

出典：PMBOK第4版

■**実行責任（Responsibility）：作業や担当を完了する責任**
■**説明責任（Accountability）：作業や担当の完了の結果について説明する責任**

別な意味も持っています。それは、過去においてそのワーク・パッケージと類似の作業の経験者を指します。この人に聞けば、作業内容のみならず、作業工数、費用などいろいろなことがわかります。「標準10のステップ」セミナーを実施した会社では、ある部門の業務が系列の関連会社から移転され、その業務に関するプロジェクトが立ち上がりました。その仕事がプロジェクトのキー・ファクターでしたが、その会社では初めて行う仕事に関しての情報がなく、計画策定に困っていました。そこで関連会社のSMEを見つけ出し、情報提供を行ってもらった結果、以降、計画策定がスムーズに行ったこともありました。

役割分担の方法にはいくつかあり、PMBOKでは、RACI表（上の図）を紹介しています。

3-3 役割分担のポイント（2）

責任者の選び方

責任者には、経験・スキルが最も豊富な人を選びます。経験が豊富で、スキルも高ければ、作業に関するいろいろな見積りがより正確になります。

責任者の選定には、若手の活用も考えましょう。若手・経験の少ないメンバーに責任者を選び、経験を積ませて育てる視点も重要です。そのときは、支援者に、経験豊富な人、スキルの高い人をつけてサポートします。

プロジェクト・マネジャーが複数の責任者となるのはよいのですが、多くの責任者を引き受けると、肝心のプロジェクトマネジメントの仕事がおろそかになる可能性があり、要注意です。できるだけ他のメンバーの活用を考えましょう。

支援者の選び方

役割分担には公平を期す必要があります。1人に多くの作業が集中しないように気をつけ、初めてプロジェクトに参加するメンバーにも、多くの挑戦の機会を与えましょう。

メンバーの能力を有効に活用するために、メンバーの教育も計画的に織り込みます。メンバーの交替を行い、次の困難な作業に取り組む前に、教育・訓練の時間を設定する配慮も必要です。

ステップ2でも述べましたが、作業の完了・終了の判断基準を明確に決めて、作業者が判断に困らない進め方も必要です。

コラム：優秀な人に仕事は集まる？

よく聞かれる言葉です。「忙しくてたまりません」という部

ステップ3　役割を分担し、所要期間を見積る

「拡販イベント出展」役割分担表

	WBS	責任者	松村	前川	田中	田口	嶋中	浅井
A1	イベント企画書を作成する	松村	P/			S/	S/	S/
A2	イベントを実施する	前川		P/	S/	S/	S/	S/
B1	案内状を作成する	田中	S/		P/			
B2	案内状を発送する	田中			P/			
B3	イベント用カタログを作成する	田口	S/	S/		P/		
B4	ポスターを作成する	田口			P/	S/		
C1	展示物を選定する	前川		P/				
C2	説明パネルを作成する	嶋中		S/			P/	
C3	デモ用スライドを作成する	嶋中			S/		P/	
D1	ブースをデザインする	浅井	S/					P/
D2	ブース設置を手配する	浅井						P/
E1	セミナーシナリオを作成する	松村	P/					
E2	セミナー用スライドを作成する	松村	P/	S/				
E3	商品セミナーを実施する	松村	P/					
E4	アンケートを作成する	前川		P/				

下に向かって、「それは君が優秀だからだよ！　喜ぶことだよ」との上司の言葉。でも、少し考えてみたほうがよさそうです。

　通信会社の経営改革プロジェクトでは、営業部門の課題が多く、いくつものプロジェクトが発足しました。そのメンバーに、私の友人のＳ君がマーケティングの専門家として選ばれたのですが、なんと４つのプロジェクトのメンバーを兼務することになりました。「大丈夫？　できるの？」とたずねると、さすがに有能な彼からも「なんともわかりません」との返事が返ってきました。４つのプロジェクトが共倒れになることは、最も避けるべき事態です。

3-4 所要期間を見積る

プロジェクトの役割分担が決まったら、ステップの後半、所要期間を見積ります。

〈What〉

各ワーク・パッケージはどのくらいの作業工数になるのか、作業完了までの所要期間はどのくらいかかるのかを見積ります。

作業工数とは作業（ワーク・パッケージ）を終了するために必要な時間の絶対量です。通常、人工、工数、延べ時間などと呼び、人日、人週、人月のように表します。たとえば、1人が3週間かかる作業は3人週（1人×3週）、3人が2週間かかる作業は6人週（3人×2週）と表します。作業工数は時間の絶対量です。英文を訳すのに「何ページ分」翻訳するではなく、「何ページ分翻訳するのにどのくらいの時間がかかるか」を意味します。

所要期間とは、作業（ワーク・パッケージ）の開始から終了までに経過する時間をスケジュールに落とし込んだものです。海外出張の報告書の作成を、月曜日に始めて金曜日に終了するときは、所要期間を5日と表します。このとき、報告書を作成した後、一緒に提出した同僚の承認に2日が必要なときは、所要期間は7日となります。

〈Why〉

ワーク・パッケージの所要期間を見積ることは、プロジェクト全体の所要期間を見積る上で必須の事項です。所要期間を見積るためには、そのワーク・パッケージの作業工数（何人で行って、何週かかるのか）がどのくらいなのかをはっき

作業工数と所要期間

作業工数（Effort）

作業（ワーク・パッケージ）を終了するのに必要な時間の絶対量
人工、工数、延べ時間
人日、人週、人月

所要期間（Duration）

作業（ワーク・パッケージ）の開始から終了までに経過する時間をスケジュールに落とし込んだもの

りさせないと、まったくあやふやな所要期間になってしまいます。そこで、まず作業工数を見積り、その作業工数を基にして所要期間を見積ります。

〈How to〉

所要期間を見積る手順です。

①各ワーク・パッケージを明確に規定する。成果物と完了・成功の判断基準も含む（○○を××する）

②過去の類似のプロジェクトのデータベースから、今回のプロジェクトの所要期間見積りに役立つものを選ぶ

③各ワーク・パッケージの作業工数を見積る
　個人作業工数と合計作業工数を見積る

④各ワーク・パッケージの特性を見分ける

⑤所要期間を見積る

3-5 所要期間を見積る手順

①各ワーク・パッケージを明確に規定する。成果物と完了・成功の判断基準も含む

ワーク・パッケージの完了基準がはっきりしていないと、作業工数は見積れません。ステップ2で「ゆで卵」の例を説明しましたが、これが明確でないと作業工数の見積りは人によりバラバラになり、ひいては所要期間もバラツキます。

②過去の類似のプロジェクトのデータベースから、今回のプロジェクトの所要期間見積りに役立つものを選ぶ

時間の見積りは難しいことの筆頭に挙げられます。なぜなら、将来のことだからです。時間を見積る方法は次のようにいくつかあります。「あてずっぽうで推測する」「経験から一般的な作業の平均値から推測する」「実際に計ってみる」。一番良いのは実際に計ってみることですが、それはできませんので、過去の類似作業の実測値から推定することが近道です。もっともそのためには、プロジェクトが終わった時点で、実績をデータベースとして残しておくことが必要です。

③各ワーク・パッケージの作業工数を見積る

作業工数には、各個人が担当する作業の個人作業工数と、ワーク・パッケージ全体の合計作業工数があります。まず、そのワーク・パッケージを担当する責任者、支援者のそれぞれの個人作業工数を見積ります。次に、それを合計し、そのワーク・パッケージの合計作業工数を算出します。

④各ワーク・パッケージの特性を見分ける

作業は、大きく2つの特性に分けられます。可変時間作業と固定時間作業の2つです。

ステップ3　役割を分担し、所要期間を見積る

ビルの窓ふきの仕事は可変作業！

- 「可変時間作業」：その作業に投入する資源（ヒト、その他）の量や仕事の進め方により所要時間が変わる作業です。投入人員を2倍にすれば、所要時間が半分に短縮されます。マイカーの洗車を考えてみてください。あなた1人が行う場合と奥様に手伝ってもらう場合では、必要な時間は約半減されます。ビルの「窓ふき作業」も可変時間作業です。1人作業より2人作業のほうが所要時間は短くなります。
- 「固定時間作業」：投入する資源の増減によっても、かかる時間は変わらない作業です。荷物を運ぶのに運転手1人で運ぶときと助手をつけて2人で運ぶときでは、到着地までの時間は変わりません。

可変時間作業か、固定時間作業かで、所要期間は変わります。

3-6 所要時間見積りのモデル

所要期間を見積る

　可変時間作業、固定時間作業かを見分けながら作業工数から所要期間を見積る手順を紹介します。

　①過去のプロジェクトから類似ワーク・パッケージの作業工数の実績値を持ってくる

　②その値を基準値に置き、今回のワーク・パッケージとの変動要素を考えて洗い出す

　例：作業の質が難しければ作業工数を増やす。今回は、作業を楽にするためにソフトウエアを使用するなら、作業工数を減らすなど

　③変動要素を加減して予測作業工数を見積る

　④予測作業工数をベースに、その作業が可変時間作業か固定時間作業かを見極める

　⑤投入資源と作業の進め方を考慮して、所要期間を見積る

作業の進め方によって、所要期間は異なる

　作業の特性（可変時間作業か、固定時間作業か）のほかに、作業の進め方によっても所要時間は異なります。作業の進め方とは、各ワーク・パッケージを、責任者と支援者がどのように作業を進めていくかということです。たとえば、作業工数合計が10週の作業を、責任者が4週、支援者Aが4週、支援者Bが2週の作業工数を分担していたとき、支援者A（4週）⇒責任者（4週）⇒支援者B（2週）の進め方では、10週かかります。支援者Aと責任者が同時並行で作業を行いその後支援者Bが2週行う進め方では6週で済みます。

ステップ3 役割を分担し、所要期間を見積る

作業工数と所要期間

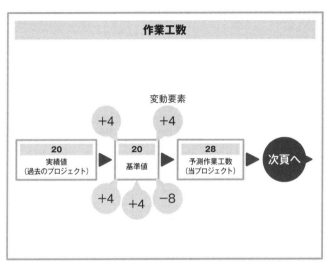

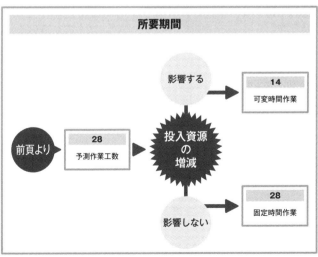

3-7 事例:WBSと所要期間見積りの統合

「拡販イベント出展」のWBS、役割分担と見積り所要期間を統合した表です。

	WBS	責任者	松村	前川
A1	イベント企画書を作成する	松村	P/2.0	S/1.0
A2	イベントを実施する	前川		P/0.5
B1	案内状を作成する	田中	S/0.5	
B2	案内状を発送する	田中		
B3	イベント用カタログを作成する	田口	S/1.0	S/1.0
B4	ポスターを作成する	田口		
C1	展示物を選定する	前川		P/1.0
C2	説明パネルを作成する	嶋中		S/1.0
C3	デモ用スライドを作成する	嶋中		
D1	ブースをデザインする	浅井	S/0.5	
D2	ブース設置を手配する	浅井		
E1	セミナーシナリオを作成する	松村	P/2.0	
E2	セミナー用スライドを作成する	松村	P/4.0	S/2.0
E3	商品セミナーを実施する	松村	P/0.5	
E4	アンケートを作成する	前川		P/1.0

ステップ3　役割を分担し、所要期間を見積る

田中	田口	嶋中	浅井	見積り作業工数合計(週)	見積り所要時間合計(週)
	S/0.5	S/0.5	S/1.0	5.0	2.0
S/0.5	S/0.5	S/0.5	S/0.5	2.5	0.5
P/1.0				1.5	1.0
P/0.5				0.5	0.5
	P/5.0			7.0	8.0
	P/4.0	S/1.0		5.0	4.0
				1.0	1.0
		P/2.0		3.0	4.0
S/1.0		P/1.0		2.0	2.0
			P/2.0	2.5	2.0
			P/2.0	2.0	6.0
				2.0	2.0
S/2.0				8.0	8.0
				0.5	0.5
				1.0	1.0

3-8 三点見積り

三点見積りとは

ここまでの時間見積りでは、過去のプロジェクトと類似の作業の実績値を使って、プロジェクトの作業工数を見積ってきました。しかし、参考になる実績値がないときはどのようにすればよいのでしょうか。

実績値がない時間見積りのときは、三点見積りという方法があります。楽観値、現実値、悲観値の3つの時間を予測し、3つを合計し3で割って求めます。

(算式) 予測値 = (楽観値+現実値+悲観値) ÷ 3

ケーススタディ

事例の「拡販イベント出展」プロジェクトでは、出展したブースに来ていただいたお客様に対して、パンフレットやささやかなお土産品をお渡しすることにします。しかし、来客数の予測が難しく、どのくらいの数量を用意すればよいのかは判断に苦しみます。このようなときは、三点見積り法を使います。来客数を、楽観値、現実値、悲観値の3つの数字で推定します。

- 楽観値：500人
- 現実値：昨年度のイベントへの参加者から推定して200人
- 悲観値：50人

このようなときは、(500 + 200 + 50) ÷ 3 = 250人分を用意する方法です。

悲観値が現実値とあまりに大きく乖離するようでしたら、PERT方式といって、現実値を4倍し6で割る現実値重視の方式もあります。

ステップ3　役割を分担し、所要期間を見積る

三点見積り

イベントでのブース来客数は？

楽観値　きっと多くの人が来てくれるはず ➡ **500** 人と予想

現実値　昨年のイベントの参加者数から見て適切な数は ➡ **200** 人

悲観値　今年は開催地へのアクセスが悪いので ➡ **50** 人

準備する数＝(500＋200＋50)／3＝250人

（算式）予測値＝（楽観値＋現実値×4＋悲観値）÷6

■コラム：玉成という言葉

　日本の製造業界、特に金型の業界では「玉成(ぎょくせい)」という言葉がよく使われます。本来の意味は、「立派な人物に育てること」だそうですが、製造業では、最終段階の仕上げにおいて、製品面の摺り合わせを行うときに使います。最終的な調整作業ですから、この作業の所要期間は大変バラつきます。作業者の技能によっては、悲観値が大変大きくなります。製品の仕上げ品質の基準が定量的に定まっていなかったり、完了基準が明確でなかったりするときは、本当に悲観的な状況になることは間違いないでしょう。

ステップ 4

ネット・ワーク図を作り、クリティカル・パスを見つける

4-1 ネット・ワーク図を作る

　ステップ4も2つに分かれます。前半はネット・ワーク図を作ります。後半はクリティカル・パスを見つけます。

〈What〉

　ステップ3までに、プロジェクトの完了に必要なワーク・パッケージとその作業に必要な所要期間を洗い出しました。ここでは、その作業をどのような順番で実施していくかを論理的に決めていきます。

　ネット・ワーク図には、いくつかの種類がありますが、本書では比較的よく使われるPDM法（Precedence Diagramming Method）を使って説明します。PDM法で使われる記号は「作業ノード」と「作業の依存関係」の2つです。

- 「作業ノード」：四角い枠で表します。作業が完了し、成果物ができ上がることを示します。
- 「作業の依存関係」：矢印で表します。先行作業から後続作業への流れを示します。

〈Why〉

　筆者は自家農園で野菜を作っていますが、最初は土を耕し、次に石灰を撒いて肥料を施し、そして種を蒔きます。この順番を守らなければ良い野菜はできません。同じように、プロジェクトも、良い成果物を得るために、作業の最適な順番を決める必要があるのです。ネット・ワーク図を作ることにより、プロジェクトの全体像がよく見えてきます。

〈How to〉

　ネット・ワーク図を作る手順ですが、図表として見えやすい方法をご紹介します。

ステップ4　ネット・ワーク図を作り、クリティカル・パスを見つける

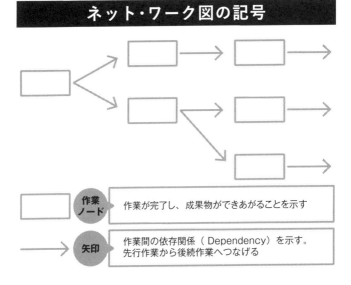

①ワーク・パッケージをポスト・イットなどのカードに、1枚ずつ書き込む。

②最初に取り掛かる作業を決め、それをホワイトボードや模造紙などの左端に貼る。

③この作業の次に行う後続作業を選び、その右側に貼る。このとき、各作業について、次の質問をしてみる。

- この作業に、先行する作業はなにか？
- 並行してできる作業はどれか？
- この作業の成果物を必要とする作業はどれか？

④先行作業と後続作業を矢印で結び、依存関係を表す。

⑤ネット・ワーク図をエクセルなどの図表ソフトに保存する（エクセルが依存関係を示すのに比較的便利です）。

次に、手順を事例で具体的に説明します。

4-2 事例:ネット・ワーク図

①ワーク・パッケージをポスト・イットに書き込む

WBS一覧表（次ページ上の図）にあるワーク・パッケージをポスト・イットに書き出します。作業番号と作業内容を記入します。たとえば、「A1・イベント企画書を作成する、A2・イベントを実施する」となります。

②最初に取りかかれる作業を決め、それをホワイトボードか模造紙の左端に貼りだす

「拡販イベント出展」プロジェクトですと、最初に行う作業は、イベント全体の構想を練ることですから、「A1・イベント企画書を作成する」が最初に貼られます。

③②の作業の次に行う後続作業を選び、その右側に貼る

「A1・イベント企画書を作成する」作業の成果物を使ってできる作業は何でしょうか？「C1・展示物を選定する」ができます。他に、同時にできる作業はないかを探します。「D1・ブースを設計する」「E1・セミナーシナリオを作成する」の2つの作業が同時にできます。そこで、A1の右側に、C1、D1、E1の3つの作業を並べて貼ります。次に「C1・展示物を選定する」の成果物を使ってできる作業を探します。「B1・案内状を作成する」「B3・イベント用カタログを作成する」の2つができます。そこで、B1、B3の2つの作業をC1の後続作業として、右側に並べて貼ります。このように順次15個のワーク・パッケージの依存関係を調べて並べていくと、次ページ下の図のようなネットワーク図が完成します。なお、依存関係は「前後関係」とも呼ぶことがあります。

ステップ4　ネット・ワーク図を作り、クリティカル・パスを見つける

「拡販イベント出展」WBS一覧表

プロジェクト名:拡販イベント出店／プロジェクト・マネジャー:松村かおり／作成日:20××年10月2日			
作業番号	ワーク・パッケージ	責任者	成果物
A1	イベント企画書を作成する	松村かおり	企画書(文書)
A2	イベントを実施する	前川雄三	新規商談可能案件
B1	案内状を作成する	田中理子	案内状(文書)
B2	案内状を発送する	田中理子	案内状送付済みリスト
B3	イベント用カタログを作成する	田口さつき	カタログ
B4	ポスターを作成する	田口さつき	ポスター
C1	展示物を選定する	前川雄三	選定された展示物
C2	説明パネルを作成する	嶋中一郎	パネル
C3	デモ用スライドを作成する	嶋中一郎	パワーポイントスライド
D1	ブースをデザインする	浅井肇	設計図(文書)
D2	ブース設置を手配する	浅井肇	発注書、設置されたブース
E1	セミナーシナリオを作成する	松村かおり	セミナー用シナリオ
E2	セミナー用のスライドを作成する	松村かおり	パワーポイントスライド
E3	商品セミナーを実施する	松村かおり	回収したアンケート
E4	アンケートを作成する	松村かおり	アンケート(文書)

「拡販イベント出展」ネット・ワーク図

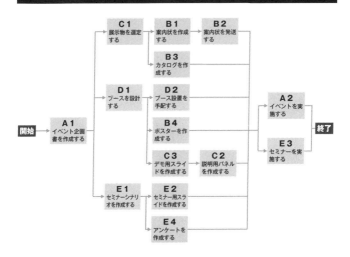

4-3 ネット・ワーク図をチェックする

ネット・ワーク図のチェックポイント

　ネット・ワーク図ができても、これで終わりではありません。まだ大事なことが残っています。それはWBSのヌケ・モレをチェックすること、そして誤りを探すことです。

　ネット・ワーク図の最後で、プロジェクトの完了の判断基準を満たしているかどうかを確認します。ステップ1で、プロジェクト目標を作成するとき、プロジェクトの完了の判断基準を明確にしましたが、これが達成されているかどうかを確かめてみましょう。意外と大事なワーク・パッケージが抜けていることがあります。

　また、ネット・ワーク図の途中で、WBSのヌケ・モレを起こすことがあります。大切な中間成果物が抜けていることもあります。これを確かめる方法は、ネット・ワーク図の最後から、前に遡って、次の質問をします。「この作業に必要な成果物は、何と何か？」つまり、後続作業が成立するために必要な作業が揃っているかどうかを確かめるのです。プロジェクトマネジメントに熟達した人の中には、ネット・ワーク図は、最後から作るという人も見受けられます。

　もう1つ大事なことは、ネット・ワーク図上の依存関係の誤りを見つけることです。依存関係の誤りは、ループ、ハンガー、そして重複の3つがあります。次ページの図を参照してください。

①ループ（循環）

　作業A、B、Cがそれぞれつながって循環しています。出口がなくなっています。これでは、プロジェクトはいつまで

依存関係の誤り

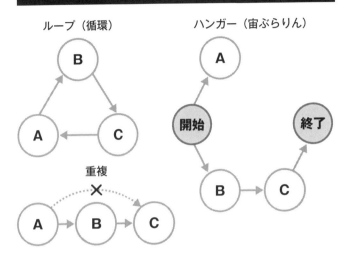

も終わりません。どの作業が、どの成果物を必要としているのか再度チェックし、訂正します。

②ハンガー（宙ぶらりん）

Aの作業は後続作業がなく、宙ぶらりんとなっています。この作業は不要な作業だったのでしょうか？ もしそうなら、削除します。Aの作業の成果物を必要とする作業を探し出しつなげるか、Aの作業を終了するとプロジェクト終了につながるのかを判断し、矢印で繋げます。

③重複

依存関係は、直前の先行作業とつなげるのが原則です。作業Cは直前の作業Bのほか、作業Aとつなげると重複が起きます。作業Aと作業Cの間に必要な作業がないかどうか確かめる必要があります。なければ矢印は削除します。

コラム❸ ネット・ワークをゴールから作る

　WBSのヌケ、モレを探す方法として、ネット・ワーク図を後ろから遡る方法をお教えしました。しかし、プロジェクトマネジメントの経験が豊富な人の中には、ネット・ワーク図を最後（ゴール）から作るほうがよいと言う人もいます。

　まず、プロジェクト完了時の姿をイメージし、どのような作業で、どのような成果物ができ上がっているのかを考えます。次にその作業に着手するためには、先行作業として、どのような作業があり、どのような成果物が完成していることが必要かを考えます。これを繰り返し、ネット・ワーク図を完成していきます。すなわち、ゴールから徹底して必要条件で考え、ネット・ワーク図を作成する方法です。物事のゴールから考える方法は、いろいろな分野で、有効な方法として取り上げられています。

　あるマラソンのコーチは選手に、トップで競技場に入ってきてゴールテープを切っている姿をイメージさせます。そのときのタイム、身体のコンディションなどを具体的に考えさせます。そのためには、どのような条件が必要かを洗い出させます。最後の1キロは1キロ何分のスピードでカバーするか、観客の声援に笑顔で応えてゴールするためのコンディションは、などです。そのために必要な条件を備えるために、練習計画を作っていきます。これがあると、選手も厳しい練習に耐えられるようです。

　少し話が外れますが、家庭菜園を始めた人がよく犯す間違いの1つは、できるだけ多く収穫したくて、狭いスペースに苗をいっぱい植えてしまうことです。筆者も初期のころはよ

ステップ4　ネット・ワーク図を作り、クリティカル・パスを見つける

マラソンプロジェクト計画のネットワークもゴールから考えます

くこの過ちを犯しました。購入した苗を残すのはもったいないし、少しでも多く収穫したいと考えれば、すべての苗を狭い畑の区画に植えたくなります。この結果、野菜が大きくなると混雑し、陽も十分当たらないので出来が悪くなります。加えて、風通しが悪くなり、せっかくの野菜が傷んでしまいます。一種のスコープ欲張りすぎプロジェクトです。野菜作りも、ゴールの姿、すなわちでき上がりの姿を最初にイメージして、どれだけのスペースが必要か、どのような条件を確保して置けばよいかを考えて、苗を植えることが必要です。

4-4 クリティカル・パスを見つける

ステップ4の後半は、クリティカル・パスを見つけます。

〈What〉

クリティカル・パスの定義は次の通りです。
「クリティカル・パスとは、プロジェクトの開始から終了まで最も長い期間を要する経路、及びその時間」

プロジェクトのネット・ワーク図では、通常、複数の経路が存在します。その経路上の作業の所要期間の合計が最も大きな経路とその所要期間の合計をクリティカル・パスと呼びます。クリティカル・パスとは、プロジェクトが終了するまでに必要とする所要期間でもあります。

〈Why〉

ネット・ワーク図を作った時点で、次のような質問に答えることができるでしょうか。
- プロジェクト全体の所要期間は？
- いつどの作業をすればよいか？
- スケジュール上に余裕はあるのか？
- 各作業が遅れた場合の影響は？
- 絶対的な納期を守るためにはどうすればよい？

このような質問に答えるために、クリティカル・パスを見つける意義があるのです。

クリティカル・パス分析を行っておくと、次のようなことも可能になります。
- プロジェクト全体の納期を早めたいときは、クリティカル・パスを短縮する
- プロジェクトの進行中は、プロジェクト・マネジャーはク

ステップ4 ネット・ワーク図を作り、クリティカル・パスを見つける

「クリティカル・パス」とは

プロジェクトの開始から終了まで最長の経路、その時間。

↓

その中の作業が遅れると、全プロジェクトが遅れる。

リティカル・パス上の作業に集中して監視・コントロールを行う

〈How to〉

クリティカル・パス分析の方法は2つあります。クリティカル・パスを算出するだけの基本編とスケジュール上の余裕までわかりやすく見つける応用編の2つです。

まず、基本編の手順です。

①ネット・ワーク上の各ワーク・パッケージに所要期間を書き込む

②各経路の所要期間を合計し、最長の経路を見つける

次項で手順を事例「拡販イベント出展」を使って説明します。

4-5 事例:クリティカル・パス分析

①ネット・ワーク上の各ワーク・パッケージに所要期間を書き込む

ワーク・パッケージの所要期間だけを表したネット・ワーク図を作ってみました。このネット・ワーク図には、経路が14あります。

②各経路ごとに所要期間を合計し、最長の経路を見つける

経路1：開始→A1→C1→B1→B2→A2→終了
　　　　合計所要期間：5.0

経路2：開始→A1→C1→B1→B2→E3→終了
　　　　合計所要期間：5.0

経路3：開始→A1→C1→B3→A2→終了
　　　　合計所要期間：11.5

経路4：開始→A1→C1→B3→E3→終了
　　　　合計所要期間：11.5

経路5：開始→A1→D1→D2→A2→終了
　　　　合計所要期間：10.5

経路6：開始→A1→D1→D2→E3→終了
　　　　合計所要期間：10.5

経路7：開始→A1→D1→B4→A2→終了
　　　　合計所要期間：8.5

経路8：開始→A1→D1→B4→E3→終了
　　　　合計所要期間：8.5

経路9：開始→A1→D1→C3→C2→A2→終了
　　　　合計所要期間：10.5

経路10：開始→A1→D1→C3→C2→E3→終了

「拡販イベント出展」ネットワーク図

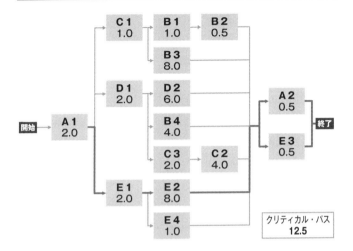

　　合計所要期間：10.5

経路11：開始→A1→E1→E2→A2→終了
　　合計所要期間：12.5

経路12：開始→A1→E1→E2→E3→終了
　　合計所要期間：12.5

経路13：開始→A1→E1→E4→A2→終了
　　合計所要期間：5.5

経路14：開始→A1→E1→E4→E3→終了
　　合計所要期間：5.5

　この結果、クリティカル・パスは、経路11、経路12の2つで、クリティカル・パスの合計所要期間は12.5となります。つまり、このプロジェクト完了までに12.5週必要となります。

4-6 往路分析・復路分析

往路分析・復路分析とは

クリティカル・パス分析の応用編が往路分析・復路分析です。仲間うちでは"箱根駅伝分析"と呼んでいます。

往路分析は、プロジェクトの開始から終了までをネット・ワークの流れに沿って行います。復路分析は、プロジェクトの終了から開始まで遡って行います。箱根駅伝を例にとると、往路分析は大手町から芦ノ湖湖畔まで、復路分析は芦ノ湖湖畔から大手町までとなります。これを行うことにより、プロジェクトの実態像がよくわかります。

以下は、往路分析・復路分析に使う用語です。

- 「最早開始」(ES：Early Start)：作業を開始できる、最も早い時期です。先行作業がある場合は、先行作業の最早終了と同じになります。プロジェクトの最初の作業の最早開始はゼロ（0）となります。
- 「最早終了」(EF：Early Finish)：作業を終了できる最も早い時期です。最早開始＋所要期間で算出します。
- 「最遅終了」(LF：Late Finish)：作業を終了できる最も遅い時期です。ただし、プロジェクト全体の終了期限を遅らせません。つまり、プロジェクト全体を遅らせないためにその作業を、遅くともいつまでに終わらせなければならないかの時期です。後続作業がある場合は、後続作業の最遅開始と同じとなります。
- 「最遅開始」(LS：Late Start)：作業を開始できる最も遅い時期です。ただし、プロジェクト全体の終了期限を遅らせません。つまり、プロジェクト全体を遅らせないためにそ

ワーク・パッケージの凡例

最早開始	最早終了
作業番号	○○をXXする
所要期間	フロート
最遅開始	最遅終了

の作業を、遅くともいつから開始しなければならないかの時期です。最遅終了+所要期間で算出します。
- 「フロート（Float）」：スケジュール上の余裕時間です。最遅終了-最早終了で算出します。

以下は、往路分析・復路分析の手順です。

①往路路分析→②復路分析→③フロートを求める→④クリティカル・パスを見つける

往路分析・復路分析では、6つの要素（所要期間、最早開始、最早終了、最遅終了、最遅開始、フロート）を取り扱いますので、ここでは、上の図のようなワーク・パッケージを使用します。

4-7 最早開始、最遅開始の例

"学生症候群""ゆで卵の基準"

前項で紹介した最早開始・最早終了、最遅開始・最遅終了の関係を、例を挙げて説明します。

本の出版のプロセスでは、原稿が完成し、出版社に提出します。その後、校正用の初稿ゲラ（印刷用に版組みした原稿）が完成し校正作業を行うこととします。先行作業がゲラ作成で、後続作業が校正作業です。先行作業の成果物であるゲラを受け取って、校正作業は10日後に提出との納期を伝えられます。校正作業は所要期間の現実値は3日と想定しました。ゲラを受け取って校正作業にすぐ取りかかるのが最早開始です。ゲラの受け取りが、N月31日の夕方だったとします（次ページの図）最早開始は、翌日の1日（0.0としてカウント）となり、所要期間は3日ですので、最早終了は3日となります。

しかし、校正作業後のゲラを10日に提出すればよいのですから、所要期間3日であれば、8日に始めて10日に校正作業が終了、10日提出のスケジュールで行うこともできます。これが最遅開始、最遅終了のパターンです。最遅開始8日、最遅終了10日となります。

私たちは、時間的な余裕があるときは、この最遅開始、最遅終了のパターンをよくとります。「なんだ、まだ時間があるから今から始めなくてもいいかな。どうせ10日に提出すればいいのだから」と悪魔のささやきが聞こえてくるのです。

このような心理に基づく行動を、制約理論の提唱者アブラハム・ゴールドラット氏は著書『クリティカル・チェーン』の中で、"学生症候群"と呼んでいます。試験日までに時間が

ステップ4　ネット・ワーク図を作り、クリティカル・パスを見つける

往路分析と復路分析の例

最早開始・最早終了　　　　　　　　　　　　　　　　　**最遅開始・最遅終了**

N月	N+1月	N+1月	N+1月	N+1月	N+1月	N+1月	N+1月	N+1月	N+1月	N+1月
31日	1日	2日	3日	4日	5日	6日	7日	8日	9日	10日

先行作業終了（初稿ゲラ完了）

後続作業開始（校正開始）

後続作業終了（校正後ゲラ提出）

後続作業開始（校正開始）

後続作業終了（校正後ゲラ提出）

あれば、「まだいいや」との心理が働き、試験前日になって徹夜で試験勉強を行う行動です。それで済めばよいのですが、高い確率で試験勉強が終わらない事態が発生します。

最遅開始・最遅終了パターンのスケジュールを組むときは、フロートはすでにありませんので、最遅終了までに必ず終わるようにする懸命の努力が求められます。

ゴールドラット氏は、他にも人間行動の特性として、"ゆで卵の基準"などを挙げています。"ゆで卵の基準"については、2-4（54ページ）ですでに述べましたが、"学生症候群""ゆで卵の基準"、いずれもプロジェクトを遅らせる要素となる、人間が陥りやすい行動なのです。

4-8 事例:往路分析(1)

　事例「拡販イベント出展」を使って、往路分析・復路分析の手順を説明します。

　往路分析では、最早開始、最早終了を使います。

①ネット・ワーク図の最初のワーク・パッケージの最早開始を求める

　最初のワーク・パッケージは、A1ですが、プロジェクトの最初の作業の最早開始はゼロ（0.0）ではじまります

②次に、最早終了を求める

　最早終了＝最早開始＋所要期間で求められます。A1の所要期間は 2.0 なので、最早終了は 0.0 ＋ 2.0 ＝ 2.0 となります。

③依存関係に従い、後続のワーク・パッケージの最早開始を求める

　後続作業は、C1、D1、E1の3つです。後続作業の最早開始は、先行作業の最早終了と同じです。そこで、C1、D1、E1の最早開始は、いずれも 2.0 となります。

④後続作業の最早終了を求める

　最早終了＝最早開始＋所要期間なので、以下のとおりです。

　C1の所要期間は 1.0、最早終了は 2.0 ＋ 1.0 ＝ 3.0

　D1の所要期間は 2.0、最早終了は 2.0 ＋ 2.0 ＝ 4.0

　E1の所要期間は 2.0、最早終了は 2.0 ＋ 2.0 ＝ 4.0

⑤同様に、ネット・ワークの依存関係に従い、順次後続作業の最早開始と最早終了を求める

　ところで、今までは、先行作業が一つのケースでしたが、先行作業が複数ある場合は、どうなるでしょうか。それを次に考えてみます。

ステップ4 ネット・ワーク図を作り、クリティカル・パスを見つける

「拡販イベント出展」クリティカル・パス往路分析

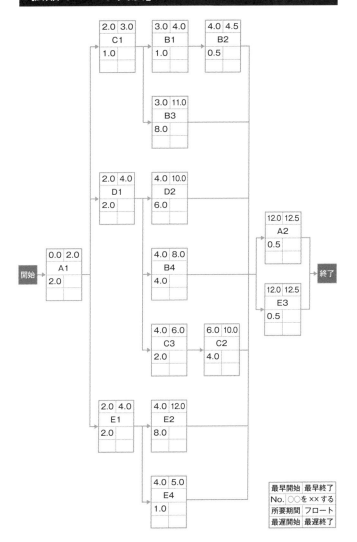

4-9 事例:往路分析(2)

先行作業が複数ある場合の、最早開始の求め方

「拡販イベント出展」の事例では、A2とE3の作業はともに、先行作業が7つ(B2、B3、D2、B4、C2、E2、E4)あります。7つの最早終了のうちどれがA2、E3の最早開始となるのでしょうか。

A2、E3の作業は、7つの先行作業がすべて完了して、初めて着手できます。これらの最早終了をみると、B2 = 4.5、B3 = 11.0、D2 = 10.0、B4 = 8.0、C2 = 10.0、E2 = 12.0、E4 = 5.0と、E2 = 12.0の最早終了が一番大きな数字です。E2の作業終了が最も遅く、E2が終了してからA2、E3の作業は、開始できます。このことからA2、E3の最早開始は12.0となります。複数の先行作業がある場合は、最も大きな最早終了が後続作業の最早開始となります。

往路分析のポイントをまとめておきます。

- プロジェクトが開始して最初に取りかかるワーク・パッケージの最早開始= 0.0
- 後続作業の最早開始=先行作業の最早終了
- 後続作業が複数あるときは、どの後続作業の最早開始も同じ数字となる
- 先行作業が複数あるときは、最も大きな最早終了が後続作業の最早開始となる
- ネット・ワークの最後のワーク・パッケージの最早終了がそのネット・ワークのクリティカル・パスとなる

最後の作業が複数あるときは、最も大きな最早終了がクリティカル・パスとなる

ステップ4 ネット・ワーク図を作り、クリティカル・パスを見つける

「拡販イベント出展」クリティカル・パス往路分析

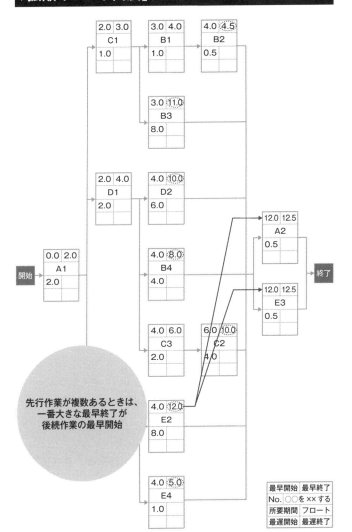

4-10 事例：復路分析（1）

復路分析では、最遅終了、最遅開始を使います。

①ネット・ワーク図の最後の作業の最遅終了を求める

プロジェクトはクリティカル・パスまでに終了します。最後の作業の最遅終了はクリティカル・パスとなります。「拡販イベント出展」では、クリティカル・パスは 12.5 でした。

Ａ２とＥ３とも最遅終了は 12.5 となります。

②次に最遅開始を求める

最遅開始＝最遅終了－所要期間で求めます。Ａ２、Ｅ３ともに所要期間は 0.5 です。Ａ２、Ｅ３の最遅開始は 12.5 － 0.5 ＝ 12.0 です。

③ネット・ワークを遡り、先行作業の最遅終了を求める

先行作業の最遅終了＝後続作業の最遅開始が原則です。事例「拡販イベント出展」では、Ａ２、Ｅ３とも同じ最遅開始（12.0）です。先行する７つの作業（Ｂ２、Ｂ３、Ｄ２、Ｂ４、Ｃ２、Ｅ２、Ｅ４）の最遅終了は、12.0 です。

④先行作業の最遅開始を求める

最遅開始＝最遅終了－所要期間です。

- Ｂ２の所要期間は 0.5、最遅開始は 12.0 － 0.5 ＝ 11.5
- Ｂ３の所要期間は 8.0、最遅開始は 12.0 － 8.0 ＝ 4.0

同様に、Ｄ２＝ 6.0、Ｂ４＝ 8.0、Ｃ２＝ 8.0、Ｅ２＝ 4.0、Ｅ４＝ 11.0 の最遅開始となります。

⑤ネット・ワークの依存関係を遡り、先行作業の最遅終了と最遅開始を求める

ところで、後続作業が複数あり、その最遅開始が異なるときは、どうなるでしょうか。それを次に考えます。

ステップ4 ネット・ワーク図を作り、クリティカル・パスを見つける

「拡販イベント出展」クリティカル・パス復路分析

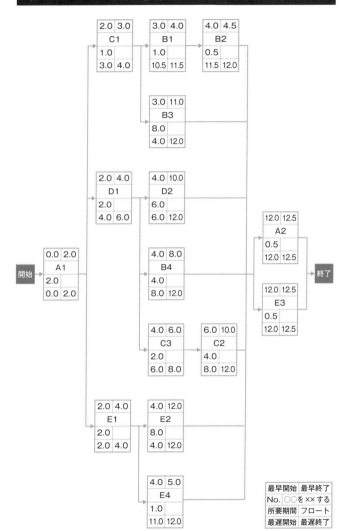

4-11 事例：復路分析（２）

後続作業が複数あり、最遅開始が異なるときの、先行作業の最遅終了の求め方

「拡販イベント出展」の事例では、Ｃ１の作業は後続作業がＢ１、Ｂ３と２つあり、最遅開始がＢ１＝ 10.5、Ｂ３＝ 4.0 と異なっています。Ｂ１、Ｂ３のどちらの最遅開始が先行作業であるＣ１の最遅終了となるのでしょうか？

ヒント：先行作業の最遅終了は、後続作業の最遅開始までに終わっていることを意味しています。

後続作業の最遅開始をみてみますと、Ｂ１＝ 10.5 は先行作業Ｃ１が遅くとも 10.5 までには終わっていなければならないことを表しています。Ｂ３＝ 4.0 はＣ１が 4.0 までには終わっていなければならないことを意味しています。このことから、プロジェクトを遅らせることなくＢ３を最も遅く開始できるためには、先行作業のＣ１は 4.0 までに終わっている必要があります。Ｃ１の最遅終了＝ 4.0 となります。

複数の後続作業があり、その最遅開始が異なるときは、より小さな最遅開始が先行作業の最遅終了となります。

復路分析のポイントをまとめておきます。

- プロジェクトの最後の作業の最遅終了はクリティカル・パスの数値となる
- 先行作業の最遅終了＝後続作業の最遅開始
- 後続作業が複数あり最早開始の数値が異なるときは、一番小さな数値を、先行作業の最遅終了とする
- クリティカル・パスとなる経路の最初の作業の最遅開始は、ゼロ（0.0）となる

ステップ4 ネット・ワーク図を作り、クリティカル・パスを見つける

「拡販イベント出展」クリティカル・パス復路分析

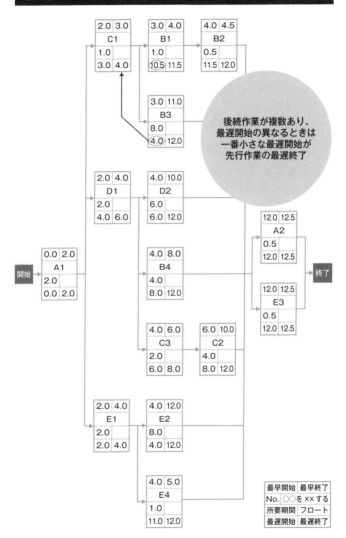

4-12 事例:フロートを求める

　フロートは、スケジュール上の余裕期間のことです。各作業のフロートは、最遅終了と最早終了の差です。

①各作業の最遅終了－最早終了を求める

　A1の作業は、最遅終了（2.0）－最早終了（2.0）で、フロートは0.0です。C1の作業は、最遅終了（4.0）－最早終了（3.0）で、フロートは1.0です。すべての作業のフロートを算出したネット・ワーク図が、次ページの図です。

②クリティカル・パスを見つける

　フロートがゼロ（0.0）の作業を線で結ぶと（図では太線で表しました）、これがクリティカル・パスです。クリティカル・パス上の作業には、余裕期間はありません。

　このことから、次のことが言えます。

- クリティカル・パス上の作業が遅れると、プロジェクト全体の遅れにつながる

　ネット・ワーク図を見ますと、クリティカル・パスでない経路の作業のフロートで同じ数値が並んでいます。B1、B2は7.5、C3、C2は2.0。これを、共有合計フロートと呼び、2つの作業でフロートを共有しています。B1、B2の2つで7.5のフロートがあることを意味しています。

　往路・復路分析を行うことにより、次のことがわかります。

- プロジェクト全体の所要期間は？
- いつ、どの作業をすればよいか？
- スケジュール上に余裕はあるのか？
- 各作業が遅れた場合の影響は？
- 絶対的な納期を守るためにはどうすればよいか？

ステップ4 ネット・ワーク図を作り、クリティカル・パスを見つける

「拡販イベント出展」フロート

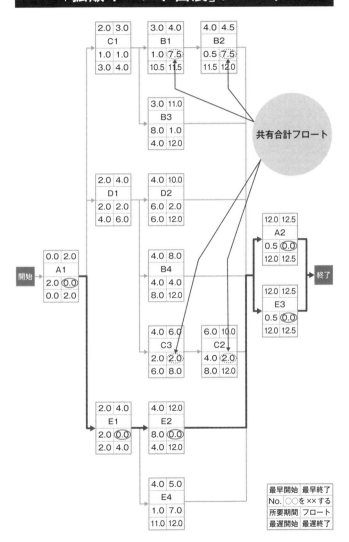

ステップ 5

スケジュールを作る

5-1 ガント・チャートを作る

　ネット・ワーク図を作り、クリティカル・パスが見つかると、次にそれをスケジュールに落とし込みます。スケジュールを作る方法はいくつかありますが、ステップ5では、ガント・チャートの作り方を紹介し、さらに、クリティカル・パスを短縮する方法を説明します。

〈What〉

　ガント・チャートについては、前著「理論編」（第6章5節 スケジュールの作成）でも説明していますが、縦軸にワーク・パッケージ、横軸に時間をとったチャート図で、各ワーク・パッケージの所要期間を横線の長さで示します。

　本書では、ガント・チャートで使用する記号を次のようにします。実際にはどのような記号でもかまいません。
「△」：作業の開始　　「━」：作業の所要期間　　「▽」：作業の終了　　「｜」：作業の依存関係　　「////////////」：フロート

〈Why〉

　クリティカル・パス分析を行い、スケジュール上の余裕期間がわかっても、いつ、どの作業を行えばよいか、各作業の重なり具合はどうなのかは、いま一つはっきりしません。

　そこで、スケジュールへの落とし込みが必要となります。ガント・チャートを作成するメリットは5つあります。

- プロジェクトのすべての作業が図表化されており、わかりやすい
- 各作業とプロジェクト全体の所要期間がそれぞれわかる
- 誰が、いつどの作業を行えばよいか、プロジェクトにおける自分の担当する部分の位置づけがわかる

ガント・チャートの記号

- プロジェクト・マネジャーは進捗管理をクリティカル・パス中心で行うことができる
- プロジェクトの計画と実績を対比し表すことができる

〈How to〉

以下はガント・チャートの作り方です。

①各作業を実施の順にガント・チャートに書き込む

②作業の最早開始を△、最早終了を▽で示し、その間を所要期間―で結ぶ

③クリティカル・パス上にない作業には、フロート//////と最遅終了を書き込む

④先行作業の終了時と後続作業の開始時をタテ線で結び、依存関係を示す

⑤最後に、クリティカル・パスを赤線で表示する

5-2 事例:ガント・チャート

ガント・チャート作成のポイント

事例を使って、ガント・チャート作成上のポイントを説明します。ステップ4の事例クリティカル・パス（90ページ）もあわせてご覧ください。

ガント・チャートでは、クリティカル・パスをわかりやすくするためにチャートの一番上に表示します。そのために、各作業はクリティカル・パス上の作業、非クリティカル・パス上の作業の順番に上から並べていきます。

Ａ２、Ｅ３はクリティカル・パス上の作業ですが、非クリティカル・パス上の作業であるＥ４からＣ２の下に並んでいます。これは、ネット・ワーク上でクリティカル・パスに非クリティカル・パスが合流するとき（Ａ２、Ｅ３の作業の前で合流しています）は、非クリティカル・パスの作業（Ｅ４からＣ２までの作業）をクリティカル・パスの作業（Ａ２、Ｅ３）の上に並べます。

事例のガント・チャートは、基本的に最早開始、最早終了で示してあります。

事例のガント・チャートを見ると、Ｃ１→Ｂ１→Ｂ２と最早開始、最早終了でつながり、Ｂ２の最早終了の後に、7.5週のフロートがあります。このフロートは、Ｃ１、Ｂ１、Ｂ２の３つの作業の共有合計フロートです。ガント・チャートを使えば、共有合計フロートがわかりやすくなります。

このガント・チャートでは、Ｅ４の作業（アンケートを作成する）は、Ｅ１の作業（セミナーシナリオを作成する）の終了後、最早開始で始めています。しかし、Ｅ４の作業はＥ

ステップ5 スケジュールを作る

ガント・チャートの例

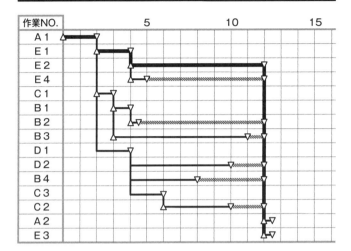

3の作業（セミナーを実施する）の直前までに終わっていれば間に合いますので、最早開始、最早終了ではなく、最遅開始、最遅終了で表すこともできます。その場合は、4週目の最早開始と11週目の最遅開始の間にフロートを書きます。

ガント・チャートを作成すれば、各作業のフロートが明確になります。フロートは、ステップ6の「負荷をならす」ときに活用できます。

5-3 作業の依存関係

依存関係の種類

前項の事例では、各作業の依存関係を、最早開始、最早終了で示してきましたが、ここで、各作業の典型的な依存関係を4つ紹介します。

①終了・開始型（FS：Finish-to-Start）

- 先行作業を100％終了して初めて後続作業ができる。
- セミナーのシナリオができて、初めてセミナー用スライドが作成できる。

私は、このタイプは"駅伝型"と呼んでいます。1区のランナーが2区との中継点まで走りタスキを渡して、初めて2区のランナーがスタートできます。

②開始・開始型（SS：Start-to-Start）

- 2つの作業を同時に開始できる。
- 展示物を選定する作業とブースを設計する作業を同時にできる。

このタイプは、野球のダブル・スチール型と言えます。一塁ランナーと3塁ランナーは同時にスタートします。

③終了・終了型（FF：Finish-to-Finish）

- 2つの作業が同時に終了する。
- 新システムのオペレーター教育は新システム導入の終了と同時に終了させる。

しっかりした主人のいる中華料理店でチャーハン餃子定食を頼むと、主人は餃子の焼き上がりに合わせて、チャーハンを炒めます。2つがほぼ同時にでき上がり、セットされて出て来ます。

作業の依存関係

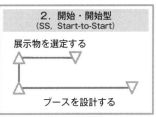

④開始・終了型（SF：Start-to-Finish）

- 後続作業を開始して初めて先行作業を終了できる。
- 新システムが稼動したら、現行システムを止める。

この場合は依存関係の矢印は、後続作業から先行作業へつなげます。

依存関係にはズレがあるものもあります。たとえば、①終了・開始型で、「シナリオを作成する」作業の100％完了を待たず、75％完成時点から「スライドを作成する」作業を開始することがあります。シナリオができ上がったところからスライド作成に着手するのですが、スライドを作成する部分のシナリオはしっかりできあがっていることが必要です。

5-4 クリティカル・パスを短縮する方法

　プロジェクトには絶対的な納期があり、ステップ4で算出したクリティカル・パスがこれに納まり切らないとき、プロジェクト全体の所要期間を短縮する必要があります。

　そのとき、よくある間違いが、すべての作業の短縮を図ろうとすることです。しかし、これは大きな間違いです。クリティカル・パスを短縮すればよいのです。

　クリティカル・パスを短縮する方法は7通りあります。

①作業の依存関係にずれがあれば、作業を並行して行う

　終了・開始型の依存関係の作業で、後続作業が先行作業の中間成果物で開始できるようであれば、後続作業の開始を前倒しし、先行作業と並行して行います。このとき、先行作業の中間成果物が十分完成していること、要員が前倒し投入できることが必要条件となります。

②依存関係を組み直し、実施の順番を変える

　直列作業を並列作業にするなどの方法がありますが、ネット・ワークの依存関係を作り直すことになりますので、リスクが生じます。

③作業をさらに細かく分解し、並列にして行う

　この場合も、要員が追加できることが必要条件となります。

④フロートのある経路から、要員をクリティカル・パスに移す

　このとき、該当作業が可変時間作業であり、要員投入により所要期間が短縮できること、移す要員のスキルが作業を担当するに十分であること、さらには、これにより新たなクリティカル・パスが生じないことが必要条件です。

ステップ5 スケジュールを作る

プロジェクトの所要期間短縮には、クリティカル・パスの短縮が有効である

⑤時間外勤務や休日出勤、要員の増加、外注に出す

いずれにしても、追加の費用がかかるので、予算の修正は必要になります。

⑥障害を取り除く

プロジェクト遂行上障害になる要素があれば、関係者と話し合い、これを取り除きます。

⑦スコープを削減する

依頼者の同意が必要です。

①から④までの方法は、プロジェクト・チームの中でできます。⑤から⑦は、関係者の合意が必要となります。

ちなみにPMBOKでは、方法①②③をファースト・トラッキング、方法④⑤をクラッシングと呼んでいます。どちらもクリティカル・パスを短縮する代表的な方法です。

5-5 マイルストーン

　プロジェクトを実施する上で、いくつかの重要な期日があります。たとえば、経営陣から承認を得る、重要な成果物の完了日、開発製品の品質レビューなどです。これらの重要な期日をマイルストーンと呼びます。マイルストーンをガント・チャートに記入するときは、◇記号を使います。

　マイルストーンだけを取り出してチャート（次ページ上の図）にしたり、あるいは表（次ページ下の図）にして、経営陣への報告等に使います。

コラム：進水式は完了vsマイルストーン？

　船舶の建造プロジェクトには、重要なマイルストーンがあります。

　進水式は、船舶建造プロジェクトのビッグイベントです。プロジェクトの依頼者の関係者であるゲスト（必ず女性です）が支綱（シャンパンやクス玉を支えている綱で、人間の誕生のたとえるとへその緒に当たる）を切ると、シャンパンとクス玉が割れ、次に船を船台に支えていたトリガーがはずれ、船は船台から静かに海の中に滑り出していきます。

　筆者は当初、船の進水式は船舶建造プロジェクトの完了のポイントであり、お客様にプロジェクトの最終成果物を引き渡すセレモニーだと考えていました。しかし、進水式はプロジェクトの完了ではなく、重要なマイルストーンとのことでした。この後、艤装と呼ばれる内装工事があり、その後に竣工、お客様への引渡しが行われ、プロジェクト完了となるのです。

ステップ5 スケジュールを作る

マイルストーン・チャートとマイルストーン・リストの例

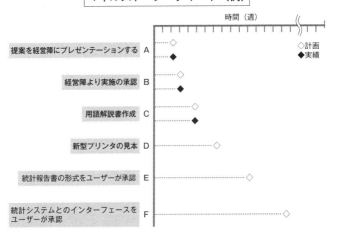

コラム❹ 逆線表の誤り

「わが社では、すでにプロジェクトマネジメントを実施している」と言うビジネスパーソンにそのやり方を質問すると、「工程表やスケジュールを作っています。工程の線表を引いています」という答えをよくいただきます。ステップ5のスケジュールを作るところから始まるようです。

「WBSなどは作られないのですか？」との問いには、「なにぶんにもスケジュールや納期が厳しいので、納期に間に合うようにスケジュールを引かざるを得ないのです」との答えです。「それでうまく行きますか？」と重ねて質問すると、多くの方は苦笑いしながら、「いやー」と答えます。

これは、いわゆる「逆線表を引く」方法です。逆線表を引けば、納期までに間に合うスケジュールはできますが、計画と実行の間の乖離は大きくなりがちです。逆線表からプロジェクトをスタートして、必要なワーク・パッケージの洗い出しは大丈夫でしょうか？　所要期間の見積りはどうでしょうか？　クリティカル・パスは算出されていますか？　負荷の調整はできているのでしょうか？

このままプロジェクトをスタートすると、プロジェクトの実行コントロール段階で、計画通り進まずに逆に納期を大幅に超えてしまったり、最後はスコープ縮小までも余儀なくされてプロジェクトを兎にも角にも終えてしまう事態が予想されます。

標準10のステップは、計画策定までにステップ8まで使います。ステップ4でクリティカル・パスを算出し、それがプロジェクトの依頼者の要求する納期までに収まらない場合は、

"逆線表"という誤り

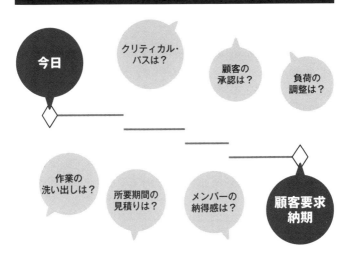

ステップ5でクリティカル・パスを短縮します。また、この後の章で説明しますが、そのスケジュールで本当にできるのかを検証するために、ステップ6で1人ひとりの負荷を算出し、負荷の平準化を図ります。ステップ8では、リスクを事前に洗い出し、必要な対策を講じます。このようなプロセスを経て、プロジェクトが計画通り進むよう調整していくのです。

スケジュールを納期に合わせるために納期からさかのぼって線を引いただけの"逆線表"は、すべての作業がクリティカル・パスとも言えます。そんな大変な逆線表スケジュールはおすすめできません。

ステップ6

負荷をならす

6-1 負荷をならす

スケジュールができ上がったら、次は負荷をならします。

〈What〉

プロジェクト・メンバー1人ひとりの作業負荷を把握し、高い負荷のメンバーについては、それを調整するステップです。特定の負荷の高いメンバーについては、プロジェクト・マネジャーは、メンバー間での負荷の調整を行ったり、関係部門とも相談して要員を増やすなどの対策を行います。

〈Why〉

ガント・チャートを見ますと、同じ時期に複数の作業が並行している所があります。このとき、そのすべての作業を1人のチーム・メンバーが担当しているとしたら、果たしてプロジェクトはうまく実行できるでしょうか？ 所要期間の長いプロジェクトでは、メンバーのコンディションも重要です。高水準の負荷の連続はメンタルのコンディションについても配慮する必要があります。このため、メンバーの負荷をあらかじめ把握し、負荷ならしを行っておくのです。

〈How to〉

このステップの手順は次の2つです。

① メンバーの負荷を把握する
② メンバーの負荷を調整・平準化する

まず、メンバーの負荷を把握する方法です。負荷の把握には3つの方法があります。

- 方法1：各人の担当をガント・チャートに記入する
- 方法2：各人の負荷の予測を自己申告してもらい、ガント・チャートに記入する

ステップ6　負荷をならす

「拡販イベント出展」WBSと見積り所要期間の統合

役割分担
個人作業工数

	WBS	責任者	松村	前川	田中	田口	嶋中	浅井	見積り作業工数合計(週)	見積り所要時間合計(週)
A1	イベント企画書を作成する	松村	P/2.0		S/0.5	S/0.5	S/0.5	S/1.0	5.0	2.0
A2	イベントを実施する	前川		P/0.5	S/0.5	S/0.5	S/0.5	S/0.5	2.5	0.5
B1	案内状を作成する	田中	S/0.5		P/1.0				1.5	1.0
B2	案内状を発送する	田中			P/0.5				0.5	0.5
B3	イベント用カタログを作成する	田口	S/1.0	S/1.0		P/5.0			7.0	8.0
B4	ポスターを作成する	田口				P/4.0	S/1.0		5.0	4.0
C1	展示物を選定する	前川		P/1.0					1.0	1.0
C2	説明パネルを作成する	嶋中		S/1.0			P/2.0		3.0	4.0
C3	デモ用スライドを作成する	嶋中			S/1.0		P/1.0		2.0	2.0
D1	ブースをデザインする	浅井	S/0.5					P/2.0	2.5	2.0
D2	ブース設置を手配する	浅井						P/2.0	2.0	6.0
E1	セミナーシナリオを作成する	松村	P/2.0						2.0	2.0
E2	セミナー用スライドを作成する	松村	P/4.0	S/2.0	S/2.0				8.0	8.0
E3	商品セミナーを実施する	松村	P/0.5						0.5	0.5
E4	アンケートを作成する	前川		P/1.0					1.0	1.0

- 方法3：各人の負荷を算出し、ガント・チャートに記入する

それぞれの方法を事例「拡販イベント出展」の田中さんを例に説明します。

方法1：各人の担当をガント・チャートに記入する

田中さんが担当する作業の所要期間の横棒の上に、名前を記入します。田中さんは、プロジェクトの4週間目から、B1の作業を担当し、5週間目からは、E2、B2、C3の3つの作業を担当します。作業が3つ並行すると大変そうだとは考えられますが、どの程度の負荷なのかは、よくわかりません。（125ページ上の図）

6-2 負荷を把握する方法（1）

方法2：各人の負荷の予測を自己申告してもらい、ガント・チャートに記入する

　今度は、各人の負荷を予測し自己申告してもらい、それをガント・チャートに書き込みます。方法1と比べると、負荷が数字として表され、少しは問題点がわかるようになります。

　同様に事例の田中さんの例で見てみます（次ページ下の図）。田中さんに担当する作業のそれぞれについて、どのくらいの時間を割く必要があるのかを負荷のパーセントとして推測してもらい、それをガント・チャートの田中さんの担当作業の所要期間の横棒の上に記入します。そして、ガント・チャートの一番下に枠を設け、作業の節目ごとにそれぞれの時間帯の田中さんが作業に割く時間の負荷のパーセントの合計値を記入します。これを見ると、田中さんは、4週目は90％、5週目の前半は230％、5週目後半から6週目まで130％の負荷が続くことになります。しかし、これはあくまでも各人の推測を自己申告してもらった数字です。自己申告は、メンバーによっては、楽観的な数字を推測する人もいれば、悲観的な数字を推測する人もいます。

　また、各人の推測の根拠もはっきりしません。この分析をもとに負荷調整に進むと、メンバーの間から異論や不満が出てくることも十分予想されます。そのような事態は避けたいものです。

ステップ6 負荷をならす

負荷を把握する

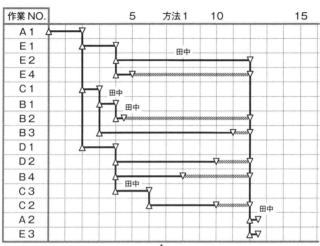

各作業にかかる負荷の％を記入する

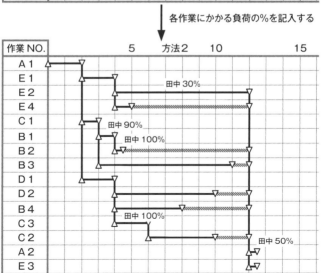

6-3 負荷を把握する方法（2）

方法3：各人の負荷を算出し、ガント・チャートに記入する

各メンバーの負荷を算出し、それをガント・チャート上に記入する方法です。事例では、ステップ3で各人の担当する作業の個人作業工数を見積り、それをもとに作業の所要期間を見積りました（123ページの図）。個人の作業工数の見積りは、1週間でこなす作業工数を1.0としました。これを作業の所要期間で割ると、そのメンバーにどれだけの負荷がかかるかを算出することができます。負荷算出の式は、次の通りです。

個人の負荷 ＝ 個人の作業工数 ÷ 所要期間

たとえば、Aさんがある作業について1週間分の作業工数の作業を担当しており、その作業の所要期間が1週間だとすると、Aさんの負荷は1週間÷1週間＝100％だと言えます。

事例で、田中さんの負荷を算出してみます（次ページ上の図）。

田中さんの担当する作業の負荷は、A2は100％（個人作業工数0.5÷所要期間0.5）、B1は100％（1.0÷1.0）、C3は50％（1.0÷2.0）などとなります。これを、ガント・チャートに記入すると、次ページ下の図のようになります。

ガント・チャートの一番下には、それぞれの時間帯の作業の負荷を合計してあります。これを見ると、開始から3週間は作業がなく、4週目から100％の負荷、5週目前半は175％までの高い負荷となり、5週目後半から6週目の終わりまで75％、その後は25％の低い数字で推移し、最後は100％で終わることがわかります。

ステップ6 負荷をならす

負荷を把握する方法

方法3

負荷の算出（田中さん）

WBS		田中	見積り所要期間（週）	個人の負荷（算出）
A1	イベント企画書を作成する		2.0	
A2	イベントを実施する	S/0.5	0.5	100%
B1	案内状を作成する	P/1.0	1.0	100%
B2	案内状を発送する	P/0.5	0.5	100%
B3	イベント用カタログを作成する		8.0	
B4	ポスターを作成する		4.0	
C1	展示物を選定する		1.0	
C2	説明パネルを作成する		4.0	
C3	デモ用スライドを作成する	S/1.0	2.0	50%
D1	ブースをデザインする		2.0	
D2	ブース設置を手配する		6.0	
E1	セミナーシナリオを作成する		2.0	
E2	セミナー用スライドを作成する	S/2.0	8.0	25%
E3	商品セミナーを実施する		0.5	
E4	アンケートを作成する		1.0	

$$個人の負荷 = \frac{個人の作業工数}{所要期間}$$

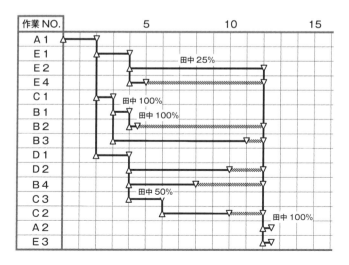

6-4 負荷ヒストグラム

　前のページ下の図をグラフに表したのが次ページ上の要員負荷ヒストグラムです。この要員負荷ヒストグラムを使えば、時系列での負荷の状況がよくわかります。

　ヒストグラムに基準線を設け、基準線からはみ出した部分を赤く塗り、各人の負荷状況を明確にします。事例では、基準線は100％のところに引いていますが、ここで100％とは、1日8時間、週40時間をすべて担当作業に使うことを意味しています。したがって、基準線はプロジェクト・チームで任意に引くことができます。たとえば、チーム・メンバーがプロジェクトに充てる時間は毎日50％で、その他の時間は通常の担当業務をこなしている場合には、基準線を50％に引くことも可能です。

　もう1人、プロジェクト・マネジャーの松村さんの負荷を算出し、要員負荷ヒストグラムに表してみます（次ページ下の図）。これを見ると、プロジェクト開始から2週間の間、100％の負荷が続き、3週目は125％、4週目は187.5％の高い負荷で推移していきます。その後は7週間にわたり62.5％、8週目は50％、最後の週は100％で終わることがわかります。

　このようにして、チーム・メンバー全員の負荷を算出し、ヒストグラムに表します。

　負荷ヒストグラムを作成することで、チーム・メンバーの負荷状況が把握できます。計画したプロジェクトが計画通り実行できるのかどうかの大きな要因の1つに、負荷状況があります。これをあらかじめ把握することなく、実行プロセスに突入することは無謀です。

ステップ6　負荷をならす

要員負荷ヒストグラム

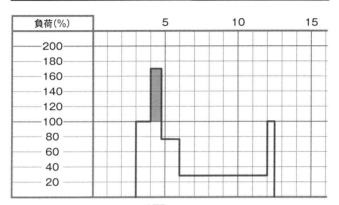

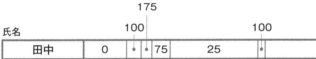

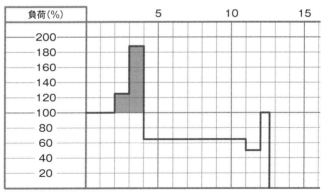

6-5 負荷を調整・平準化する

　チーム・メンバー全員の要員負荷ヒストグラムができ上がると、次は負荷の平準化、調整を行います。

　全員の要員負荷ヒストグラムを次ページのイラストのように時間軸を合わせて貼り出します。そのとき、ガント・チャートを一番上に貼ります。このとき、特定のメンバーに過度の負荷がかかっているとき、甚だしいデコボコがある場合、あるいはメンバー全員が高い負荷状態の時期がある場合は、調整・平準化が必要です。

　負荷の調整の方法は、7つあります。

- 方法1：作業をフロート部分に移し、過度な負荷を取り除く。この場合、他のメンバーが過度の負荷とならないよう注意します。
- 方法2：作業期間をフロート部分まで延長する。この場合、他のメンバーが過度の負荷にならないこと、また、作業の最遅終了を超えないよう注意します。
- 方法3：作業期間内で、負荷の軽重を調整する。この場合、作業の最遅終了までにはメンバーが作業を終えるよう注意します。
- 方法4：時間がある他のメンバーに担当を変える。この場合、引き受けるメンバーが必要なスキルを持っていることを確認します。
- 方法5：依存関係を組み直し、開始を早める、または終了を遅らせる。この場合、それにより発生するリスクに十分注意します。
- 方法6：要員増、時間外・休日出勤、新技術・設備の導入

ステップ6　負荷をならす

チーム全員の要員負荷ヒストグラムを貼り出せば、誰に負荷が集中しているかが一目でわかる

など。予算の増額の承認を得る必要があります。

- 方法7：スコープを削減する。プロジェクトの終了期限を延長する。プロジェクトの依頼者の承認を得る必要があります。

以上7つの方法の内、方法1から方法5までは、プロジェクト・チームの中で調整ができます。しかし、方法6と方法7は、関係者の同意を取り付けてから行うことが必要です。

ステップ6はまだ計画プロセスです。プロジェクトの問題点を可視化し、プロジェクト依頼者および関係者との間で共有化して、対策を計画に反映することがステップ6の目的です。

次のページで、方法1、2、3を事例の田中さんの例で説明します。

6-6 事例：負荷の調整・平準化

方法1：作業をフロート部分に移し過度な負荷を取り除く

田中さんは、5週目の前半は175％と高い負荷となっています。理由は、この時期にE2、B2、C3の3つの作業が並行しているからです（次ページ上の図）。しかし、よく見ると、B2の作業は後ろにフロートを持っています。B2の作業をC3の作業が終わる第7週目から始めることにすると、5週目の負荷は当初の175％から75％にならすことができます（次ページ下の図）。

方法2：作業期間をフロート部分まで延長し、過度な負荷を取り除く

同じく田中さんの5週目前半を見ます。方法1では、B2の作業の開始を7週目に移しました。方法2では、B2の作業は5週目から始めますが、所要期間を0.5週から1.0週に延ばし、6週目の終わりまでに終了することとします。これにより、5、6週目の負荷は当初の175％から125％に平準化できます（134ページ上の図）。

方法3：作業期間内で負荷の軽重を調整する

田中さんの5週目の負荷を平準化するために、今度はE2の作業に着目します。E2は5週目から12週目までが25％の負荷となっています。このため、E2の作業を5週目～7週目は軽くし、8週目から作業量を増やしていくことにより、5週目～6週目の負荷が軽減されます（134ページ下の図）。

1つの方法だけで負荷調整が困難なときは、方法1から方法7までを複数組み合わせてチーム・メンバー全員の負荷調整を行います。

ステップ6 負荷をならす

負荷の調整・平準化

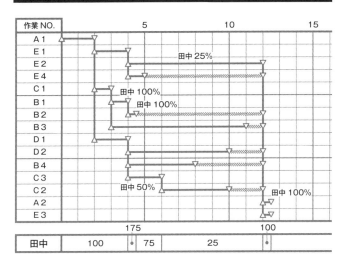

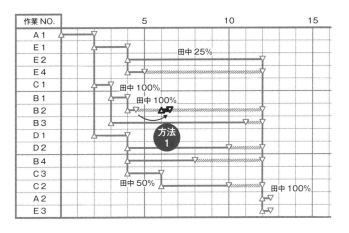

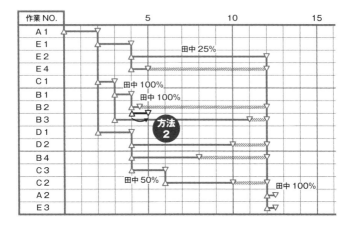
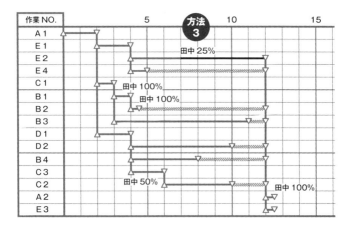

ステップ 7

予算その他の計画を作る

7-1 予算を作る

予算作りのプロセス

プロジェクトの3つの制約要件の一つは資源であり、その中に費用があります。したがって、予算の計画策定、実行管理は重要です。しかし、多くの場合、企業・組織のコスト・コントロールの方法に従って行われ、プロジェクト特有のスキル・ツールはありません。

主な流れは次の通りです。

①費目を決める
②費目ごとに予算を見積る
③予算表、予算グラフを作る

以下、順にみていきます。

①費目を決める

プロジェクトの費目はプロジェクトごとに様々です。

予備費は、プロジェクトが計画通り進まなかったとき、スコープ達成のためにやり直しをする、スケジュール遅延の挽回のため、納期延長をしたりするときには費用がかかりますので、それに備えて予算確保しておくものです。

②費目ごとに予算を見積る

予算の見積りは、次の4段階に分けることができます。

プロジェクトの時期により次第に精度を上げていくことが必要です。そのために、アプローチが異なります。

- 「概算見積り」：立上げプロセスで行います。過去のプロジェクトの実績を参考に、トップダウンで見積ります。
- 「予算見積り」：計画プロセスで行います。計画段階では、WBSが作成されますので、WBSごとに予算を算定し、積

ステップ7 予算その他の計画を作る

プロセスごとの予算見積り

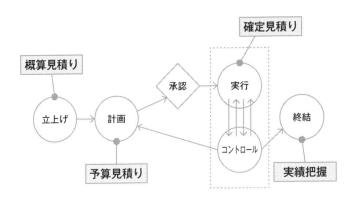

み上げていくボトム・アップ方式をとります。
- 「確定見積り」：実行・コントロール・プロセスで行います。各作業の詳細や条件がわかってきたところで、予算見積りの精度を上げて更新していきます。
- 「実績把握」：終結プロセスで、事後の振り返り時に行いますが、作業終了の段階で実績値をとっておくことも大事です。この実績値が次のプロジェクトにおいて、予算見積り時に参考値として活用されます。

7-2 品質計画とコミュニケーション計画を作る

品質計画を作る

品質もプロジェクトの三大制約条件の一つであり、重要なマネジメント要素ですが、これもプロジェクトの成果物によって、どのような品質マネジメントが必要になるのかは様々です。

あらゆるプロジェクトにおいて品質マネジメントで重要な留意点が次の4つです。

①顧客満足の重視

②検査より予防

③継続的改善

④品質は経営者の責任

②の「検査より予防」とは、第2次大戦後「デミング式品質管理手法」が導入された日本において定着したものです。デミングが唱えたのは、「不良品を検査工程で除き、市場に流出させない」という検査による品質管理の考え方です。これを発展させ、「作り込み工程で不良品発生の原因を根絶する」という予防の概念を生み出し定着させてきました。これが今では世界標準となっています。

予防重視の品質管理を行っていく技法として、「QCの7つ道具」がモノづくりの企業のプロジェクトでは行われています。

コミュニケーション計画を作る

コミュニケーションとは、プロジェクトのステークホルダーに、どのように報告、連絡、相談を行うかといった問題です。従来から言われている「報・連・相」です。

コミュニケーション計画を作る

	経営陣	主要ステークホルダー	チームのメンバー
方法は	月例会議 場合によっては報告書	報告書 隔月での進捗会議	週の定例会議
頻度は	少ない (最低でも月1回)	2週間に1回	より頻繁に (最低でも週1回)
内容は	全体の進捗状況 マイルストーンと成果物 問題点と解決策	進捗状況と問題点	全体の進捗状況 及び問題点と解決策の議論

　特に、プロジェクトの進捗状況は、タイミングよく報告を行うことが重要です。ステークホルダーごとに、どのようなタイミングで、どのような内容の報告を行うのかは、プロジェクトにより異なるでしょう。プロジェクトが佳境に入り、少しでも時間がほしいときに、ステークホルダーから「進捗状況を報告してくれ」などの要望が寄せられて困惑することがないように、予め対象者と内容、そして時期を決めておくことが必要です。一つの例を上の図に示します。

7-3 ステークホルダー計画を作る

ステークホルダー計画とは

　ステークホルダー・マネジメントがPMBOK第5版において新たに10番目の知識エリアとして追加されたことは、ステップ1でも述べました。その理由は、ステークホルダーを広範囲で捉えなければならないプロジェクト環境にあると述べました。前項でコミュニケーション計画をステークホルダーごとに作ることを説明しましたが、ステークホルダーが広範囲で、かつ様々な集団である場合はどのようにすればよいでしょうか。

　PMBOK第5版では、ステークホルダーをプロジェクトへの影響度と関心度の2つの軸で分類し、それぞれのグループに対するコミュニケーション計画を立てて実施することを提案しています。

- ①影響力が大きく関心度も高いグループ⇒注意深くマネジメントする
- ②影響力は小さいが関心度は高いグループ⇒常に情報を与える
- ③影響力が大きく関心度が低いグループ⇒相手の満足な状態を保つ
- ④影響度は小さく関心度も低いグループ⇒監視し、最低限の労力を費やす

これに沿ったコミュニケーション計画を立てるのです。

　最近の事例だと、東京オリンピック・パラリンピックに関連した新国立競技場のデザイン及びエンブレムのデザイン選定プロジェクトにおいては、いずれも影響力は低いが関心度

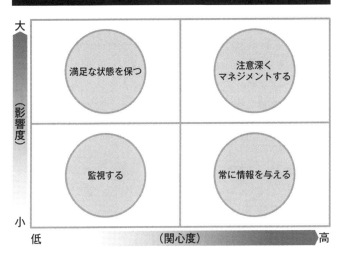

が高い納税者である国民から「決定プロセスが不透明である」との批判が高まり、結局はやり直しとなりました。"やり直しプロジェクト"においては、情報公開を重視したプロセスが踏まれたことは記憶に新しいところです。

7-4 調達計画を作る

会社の選定

プロジェクトを進めるには、プロジェクト・チームやプロジェクトの属する組織のメンバーのほかに、サービスプロバイダーやベンダーあるいは技術的支援などの人的サービスなどの業務委託先会社の協力があって成り立ちます。そこで、関係する相手企業・組織としてどこを選ぶか、およびどのような契約を結ぶかが重要になります。

会社選定は、大きく分けて入札と随意契約に分かれますが、どちらを選択するかはプロジェクトの環境次第です。

契約の種類

契約に関しては、大きく次の3つに分かれます。

①定額契約

プロジェクトを総額いくらで発注するか、あるいは、請け負うかと金額を固定します。効率的に進め、あるいはコスト低減に努めれば請負側が利益を享受します。大きく遅延してコストがかかれば請負側が損失を被ることになります。

②実費償還契約

発注側がコストの実費を負担し、報酬も上乗せして別途支払います。報酬を定額で支払う方法や、インセンティブを決めておいて目標達成度合いに応じて支払う方法があります。

③単価契約

資源の単価を予め決めておく方法です。コンサルタントの1日あたり単価を決めておき、稼働日数に応じて支払うといったものです。

契約には、インセンティブもあれば、ペナルティー契約を

ステップ7　予算その他の計画を作る

契約形態のいろいろ

❶定額契約
　・完全定額契約
　・インセンティブ・フィー付き定額契約
　・経済価値調整付き定額契約

❷実費償還契約
　・コスト・プラス定額フィー契約
　・コスト・プラス・インセンティブ・フィー契約
　・コスト・プラス・アワード・フィー契約

❸単価契約（タイム・アンド・マテリアル契約）

PMBOK第5版より

結ぶこともあります。外注品の納期を守ってもらうためにインセンティブ契約を結び、当初の納期日より早く納品されたときは報酬を払います。一方、納期通りに納品されなかったときは、遅延の数に応じてペナルティーを払ってもらいます。このように、契約の結び方で、ステップ8で紹介する「リスク」の予防策にもなり、発生時対策にもなります。

　調達マネジメントについて詳しくは、理論編第12章「プロジェクト調達マネジメント」を参照してください。

ステップ8

リスクに備える

8-1 リスクに備えるとは

 ここまでプロジェクトの計画を策定してきました。しかし、このプロジェクトは計画通り進むのでしょうか。計画に不安なこと、心配なことはないでしょうか。ステップ8では、プロジェクトのリスクを洗い出し、事前に準備します。

〈What〉

 ここでは、リスクを次のように定義します。
「将来起こりえる問題点で、プロジェクトの成功を脅かすもの」
 PMBOKでは、リスクは「不確実性」であると定義しています。不確実性とは「機会と損失のどちらに転ぶかわからない、損失だけでなく機会にも備えよ」という意味ですが、本書では、プロジェクトの成功を脅かす損失だけを取り上げます。
 まず、プロジェクトの計画が持つリスクを洗い出し、なぜそのリスクが発生するのかを考え、発生の確率を下げる対策を打ちます。これを予防対策と呼びます。
 次に、リスクが発生した場合でも、その影響が大きくならないように、影響度を下げる対策を事前に考えておきます。これを発生時対策と呼びます。発生時対策には、それを発動するトリガー・ポイントを設定します。

〈Why〉

「周到に準備せよ、どんな分野でも準備が成功をもたらす最大かつ唯一の鍵だ」
 これは、元ニューヨーク市長ルドルフ・ジュリアーニの言葉です。リスクは発生しないに越したことはありません。ですから、リスク発生の確率を下げる(できればゼロにする)予防対策を考えます。しかし、リスクをゼロにするためには、

ステップ8 リスクに備える

プロジェクト・マネジャーはあらゆるリスクを想定して計画を進めなければならない

膨大な費用と工数を必要とします。そこで、リスクが発生したときに備えて、そのリスクがもたらす影響を限りなく小さくする発生時対策を事前に準備しておきます。事前に準備しておくことが肝要です。リスク発生時にすぐさま対策を実行でき、影響を小さくすることができるからです。

たとえば、消火器は火が出たときに大きな火災にならないように初期消火のために使う発生時対策です。消火器は予め購入して準備してあります。火が出たときに、消火器を買いに走っていたら、大きな火災になってしまいます。このように、発生時対策は、事前に準備しておくものです。セブン＆アイ・ホールディングス会長の鈴木敏文氏も「物事はうまくいかなくてあたりまえ、それに備えて前始末」と前始末理論を唱えています。

8-2 リスク分析の手順

〈How to〉

リスクに備える手順は以下のとおりです。

①チーム・メンバーでプロジェクトの計画を検討し、リスク事象を洗い出す

②リスク事象を評価する

③発生確率の高い、影響度の大きなリスク事象については、その原因を考える

④予防対策、発生時対策、トリガー・ポイントを考える

⑤リスク・マネジメント表にまとめる

①チーム・メンバーでプロジェクトの計画を検討し、リスク事象を洗い出す

- チーム・メンバーで行うことが大切です。計画が抱えているリスクについて、認識を共有しておくことが必要です。
- リスクは、プロジェクトの分野ごとに洗い出します。分野ごととは、スケジュール、スコープ・品質、資源(要員・予算)のプロジェクトの3つの要素です。これらは、制約要件ですので、リスクが発生しやすい要素です。
- プロジェクトのネット・ワークに沿って、洗い出します。まず、クリティカル・パスから、次に非クリティカル・パス上の作業を検討します。このとき、3つの要素の観点からリスクを洗い出していきます。

〈スケジュール〉

スケジュールを遅らせる事象を洗い出します。クリティカル・パス上の作業、非クリティカル・パス上の作業でもフロートの少ない作業、複数の先行作業に後続する作業など、先

リスクはプロジェクトの3つの要素ごとに洗い出す

行作業のうち、どれかが遅れても後続作業は開始できません。楽観的に所要期間を見積っている作業、外部の業者に発注している作業、主なマイルストーンなどがスケジュールに関する主なリスク事象です。

〈スコープ・品質〉

新技術を利用する作業、新素材を使用する作業、品質基準が厳しい作業、依頼者の要求が変更される恐れの大きな作業などがあります。

〈資源（要員・予算）〉

1人だけが担当する作業、多数のメンバーで分担する作業（これも要注意です）、特殊なスキルを必要とする作業、経験やスキルの不足しているメンバーが担当する作業、会社の予算が不確定、などがあります。

8-3 リスク事象の評価

②リスク事象を評価する

洗い出したリスク事象すべてに対策を講じることは、時間的にも、工数的にも不可能です。そこで、洗い出したリスク事象を発生確率の高低、影響度の大小で評価します。

評価の方法は、定性的評価と定量的評価の2つがあります。まず、一般的によく使用される定性的評価から説明します。定性的評価は、次ページのようなマトリックスを使って行います。マトリックスのゾーンごとに対応を考えます。

〔ゾーンA〕発生確率:高い、影響度:大きい

このゾーンにあるリスク事象には予防対策、発生時対策が必要です。

〔ゾーンB〕発生確率:低い、影響度:大きい

発生確率は低いのですから、影響度を下げる発生時対策のみ考えます。

〔ゾーンC〕発生確率:高い、影響度:小さい

発生確率を下げる対策を考えることが基本ですが、使える時間との兼ね合いで、適宜判断します。影響度の大きさなども考慮して決めます。

〔ゾーンD〕発生確率:低い、影響度:小さい

このゾーンのリスク事象は無視しましょう。リスクを考えろと指示されると、私たちはとかく、発生確率を実際よりは高く、影響度はより大きく、とリスクを過大評価する傾向があります。しかし、私たちの考えるリスクはこのゾーンに該当することが多いものです。

もし、過去のプロジェクトの実績がデータベースとして蓄

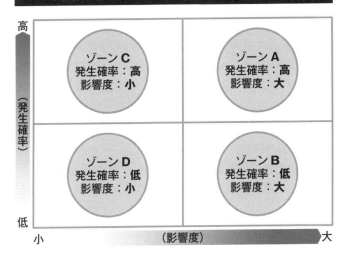

積されていて、リスクの発生と影響が数値的に把握できるなら、その数値を使うことが最適です。

③発生確率の高い、影響度の大きなリスク事象については、その原因を考える

　発生確率の高い、影響度の大きなリスク事象には、対策を講じる必要があります。発生確率を下げる対策を講じるためには、そのリスク事象が発生する原因を考え、その原因をつぶすことが必要です。一般に、リスク事象が発生する原因は1つだけではありません。原因は複数考えられます。考えられる原因をできるだけ多く洗い出します。

　多くの原因が挙げられたら、その原因のうち、リスク事象の発生に大きく関与している原因はどれかを判断し、関与度の高い原因だけを取り上げます。

8-4 定量的評価

定量的評価の算出

定量的評価は、複数の選択肢から1つの手段を選ぶようなときによく使われます。リスク事象の統計的な発生確率とプロジェクトに対する影響を測ります。定量的評価を行うためには、統計的なデータが揃っていること、分析を行う時間的余裕があることが条件となります。

定量的評価では、次のような算式でリスクを表します。

リスク事象の発生確率×リスク事象の影響度＝期待値

ここで期待値とは、発生確率と影響度から算出するリスクの大きさで、EV（Expected Value）とも表されます。

発生確率の定量的見積り

発生確率をパーセントで表します。このときの数値は、履歴データを使用したり、シミュレーションなどの数字から求めます。

影響度の定量的見積り

影響度は、本来、リスク事象の発生による利益・損失を表しますが、ここでは損失だけ取り上げることとします。定量的評価では、リスク事象の発生の影響を、日数や金額に換算します。すなわち、「リスク事象が発生したことにより、スケジュールが××日、××週間遅れる」あるいは「遅れることにより、人件費、材料費などの費用が××万円発生する」などと表します。たとえば、「A社からの納品が遅れることにより、スケジュールは5週間遅れ、200万円の損失となる」などです。

期待値の定量的見積り

発生確率の重み付け

発生確率	重み付け
75% 以上	0.8
50% 以上－75% 未満	0.6
25% 以上－50% 未満	0.4
0%－25% 未満	0.2

　期待値の定量的見積りでは、発生確率をそのまま使用して、影響度にかけて期待値を算出する方法もありますが、発生確率に重み付けをし、その数字を使うこともできます。たとえば、上の図の通りです。

　影響度もそのまま損失金額を使用して、期待値を算出することもできますが、影響度が具体的に数値化できないときは、重み付けを行うこともできます。たとえば、

- 影響度大（プロジェクト目標の達成困難）：4
- 影響度やや大（計画の大幅な変更必要）　：3
- 影響度中（スケジュール遅れのみ）　　　：2
- 影響度小（計画の微調整ですむ）　　　　：1

　発生確率（0.8）×影響度（4）＝期待値（3.2）と求め、期待値2.0以上について、取り上げることもできます。

8-5 デシジョン・ツリー

デシジョン・ツリーとは

リスク事象の影響を金額で表せば、期待値も金額で表すことができます。期待値を金額で表したものを、期待金額値と呼びます。金額に表すことにより、リスクに優先順がつけやすくなり、意思決定の判断がしやすくなります。

たとえば、発生確率50％のリスクの発生により、1万円損失するときの期待金額値は5,000円となります。

算式：発生確率（50％）×影響度（1万円）＝期待金額値（5,000円）

期待金額値を用いることにより、デシジョン・ツリーを使用することができます。デシジョン・ツリーとは、複数の選択肢がある意思決定に使用され、決定に至るプロセスを構造的に図示したものです。ある仕事を外注業者に発注するとき、納期遅れなどのリスクがより少ない業者を選定したいものです。そのようなとき、なぜ、その業者を選択したのか、プロセスが図式化され、アカウンタビリティーが高まります。

以下はデシジョン・ツリーの事例です。

〈事例「仕入先としてどちらを選ぶか」〉

プロジェクトに使用する装置の仕入先として、A社、B社の2社を対象に検討を進めている。

- A社の見積りは8,000万円、しかし、過去の取引実績から納期が10日遅れる確率が10％ある。
- B社の見積りは7,700万円、しかし、これも納期が40日遅れる確率が30％ある。
- 納期遅れは、1日につき10万円の人件費増となる。

ステップ8 リスクに備える

デシジョン・ツリー

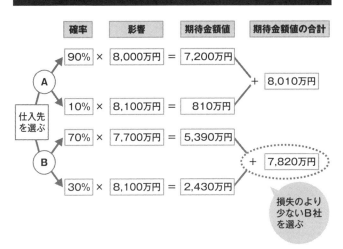

これを、デシジョン・ツリーに表したのが、上の図です。この分析から、より期待金額値の小さなB社を選択するほうがよいと判断できます。

〈事例　お年玉の期待金額値〉

おじいさんが、孫のA君にお年玉をあげます。ただし、4つのお年玉袋を並べ、好きなものを1つ選べと言いました。イの袋には2万円、ロの袋には1万円、ハの袋には5,000円、ニの袋には1,000円が入っています。A君がもらえるお年玉の期待金額値はいくらでしょう。

〈答え〉

4つの袋のうち、1つを選ぶのですから、選ぶ基準はどれも25％です。次の算式で求めます。

2万× 25％ + 1万× 25％ + 5,000 × 25％ + 1,000 × 25％

8-6 予防対策、発生時対策

④予防対策、発生時対策、トリガー・ポイントを考える

まず、予防対策を検討します。予防対策は、発生確率を低減するための対策です。リスク事象発生の原因をつぶせば発生の確率は低減します。

しかし、すべての原因をつぶすことはできず、発生確率をゼロにすることは不可能です。そこで、万が一リスク事象が発生したときに備えて、発生時対策を考えておきます。発生時対策は影響を小さくする対策です。発生時対策には、リスク事象が起きたときにそれを発動するポイントを予め決めておきます。これがトリガー・ポイントです。

トリガー・ポイントは具体的に決めておきます。リスク事象が発生したとき、発生時対策の発動を迷っていたら影響はますます広がります。そのため、トリガー・ポイントは、発生時対策の発動基準を明確に決めておきます。誰が判断し、発動を命じるのか発動者を決めておくことも重要です。

116ページの「5-5マイルストーン」のコラムで紹介しましたが、船の進水式にもトリガーがあります。船を船台に固定しておく冶具をトリガーと呼びます。ゲストが支綱を斧で切ったとき、トリガーが外れて、船は船台を離れて海に進水していきます。

ステップ8 リスクに備える

予防対策・発生時対策

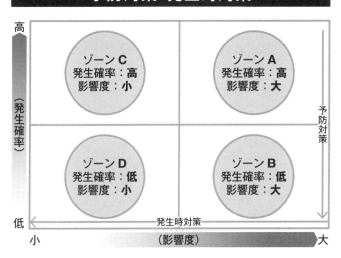

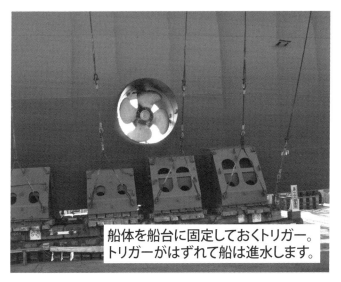

船体を船台に固定しておくトリガー。
トリガーがはずれて船は進水します。

8-7 事例:リスク分析(1)

リスク分析には、次ページのリスク・マネジメント・ワークシートを使います。事例「拡販イベント出展」のリスク分析をワークシートで説明します。

リスク事象を洗い出す

作業「B3:イベント用カタログを作成する」はカタログの原稿を作成し、製作業者に発注し、校正、納品・検収を行う作業です。この作業は、クリティカル・パス上にはありませんが、フロートが1週間しかありません。カタログの納品が遅れ、イベントまでに準備できないリスクが発生する恐れがあります。

リスクを評価する

このリスクは、過去の経験からよく発生するリスク事象で、発生確率は大変高いと想定されます。また、カタログがイベントに間に合わないと、ターゲットとしている新規のお客様に具体的な商品解説が載っているカタログがお渡しできなくなり、当社商品のよさが十分伝わらず、インパクトが激減しますので、影響度も大きいと想定されます。157ページのマトリックスの右上に位置するリスク事象です。

リスクの原因を考える

リスク事象が発生するには、その原因が必ず存在します。カタログ納品が遅れる原因も大きなものが2つ考えられます。

①カタログの製作業者が当方の要求を十分理解していないこと

②当方の原稿のデザインが懲りすぎで、なかなか仕様通りのものができ上がらないこと

リスク・マネジメント・ワークシート

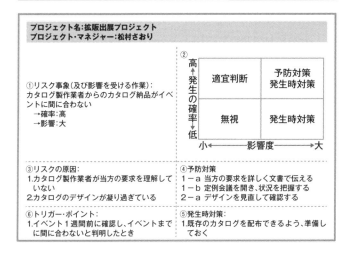

予防対策を考える

予防対策は、リスク事象発生の原因をつぶすものです。原因が除去できれば、それだけ発生確率が低減します。予防対策は、リスクの原因ごとに検討します。「この予防対策を講じればこの原因は除去できる」のように、原因と予防対策の間に因果関係が成り立っていることが必要です。

カタログの製作業者が当方の要求を十分理解していないという原因に対しては、次の予防対策を打ちます。

- 当方の要求を詳しく、文書で伝える
- 定例会議を持ち、定期的に進捗状況を確認する
  当方のデザインが凝りすぎていることに対しては、
- デザインをもう一度見直し、確認する
  という予防対策を打つこととしました。

8-8 事例：リスク分析（２）

発生時対策を考える

予防対策が機能しないとき、予防対策を講じた以外の原因でリスク事象が発生する恐れがあります。そのために、事前に発生時対策を検討しておきます。

カタログの納品がイベントまでに間に合わない事態が発生してしまったら、従来使用していた既存のカタログで代用することとします。新しいイベント用カタログは、情報も更新され、新商品も詳しく記載されていますが、既存のカタログには新商品の商品説明はありません。しかし、既存のカタログでも、新規顧客に渡すことで、会社としての商品アピールはできますので、影響度を小さくできます。

トリガー・ポイントを設定する

トリガー・ポイントは、発生時対策を発動するタイミングです。イベントの１週間前の段階で確認して、イベントに間に合わないことが判明すれば、既存カタログに切り替えることとします。

コラム：ニューヨーク地下鉄のポスター

ニューヨークの地下鉄は、ジュリアーニ元ニューヨーク市長の治安対策が功を奏し、かつての汚くて治安の悪い乗り物からきれいな安心して乗れる地下鉄へと変身しました。

この様子をぜひとも撮影したく、地下鉄を利用したときのことです。電車への飛び乗りを諫（いさ）めるポスターが目に飛び込んできました。「Don't take the risk- Take the next train」と書かれています。大変目立つ大きなポスターです。「ドアが閉まりかけているときに電車に飛び乗ると、ドアに挟まれて怪

ステップ8 リスクに備える

ニューヨーク地下鉄のポスター

我をする恐れがありますよ」と、乗客に注意を促しています。これは乗客が怪我をする発生確率を低減する予防対策です。

しかし、別の見方をすると、これには発生時対策の意味もあります。訴訟が日常茶飯事のニューヨークにおいては、実際に怪我が発生したとき、地下鉄会社が乗客から訴訟を起こされる確率も高いことが想定されます。しかし、地下鉄側としても、これだけ大きなポスターで乗客に注意を促しているのだから、怪我をした乗客にも落ち度があると主張できます。損害賠償金という影響度を低減させる保険の役割も果たしているとも言えます。このように、リスクへの対策には、予防対策と発生時対策の両方の役割を持つものもあります。

8-9 リスク・マネジメント計画表

リスク・マネジメント計画表にまとめる

　ここまでリスク事象を洗い出し、評価し、発生確率が高く、影響度も大きなものについて、予防対策、発生時対策を検討してきました。これらの事項をリスク・マネジメント計画表にまとめます。

　以下はリスク・マネジメントのポイントです。

- プロジェクトのリスクはチーム・メンバーで検討してきましたが、リスクの検討には、SME（ステップ3参照）、プロジェクトの関係者も含めて行うことにより、より詳細なリスク分析が可能となります。

- リスク・マネジメント計画表にまとめた段階で、プロジェクトの依頼者、関係者の間で共有しておきます。リスク・マネジメントの一番の問題点は、プロジェクトの関係者の間で、リスク事象に対する認知度、許容度が異なることです。プロジェクトに関してどのようなリスクが脅威なのか、どのように対応していくのかを関係者の間で共有し、常に同じ理解を持っておくことが必要です。

- リスク・マネジメントは、計画段階だけでなく、実行・コントロール・プロセスでも行います。プロジェクトは必ずしも計画通りにはゆきません。実行段階で新たなリスクが発生します。すでに発生の可能性がなくなったリスクもあります。このため、定例会議などでリスク発生の徴候は表れていないか、新たなリスクはないか、とリスク・マネジメント計画表を常に見直すことが必要です。

- プロジェクトの実行段階でリスク状況も変化していくと述

リスク・マネジメント計画表

リスク事象	確率 高・低	影響 大・小	原因	予防対策	発生時対策	トリガー・ポイント

べました。プロジェクト・マネジャーがリスク・マネジメント計画表に取り上げたリスク事象のすべてを監視していくことも大変です。そのため、リスク事象ごとにリスク管理の責任者を設け、責任者がリスク発生の兆候はないか、監視していくことが効果的です。そのときも常々プロジェクト・マネジャーやチーム・メンバーの間で状況を共有化しておくことが必要です。

8-10 計画段階のまとめ

　ステップ2からステップ8まで行うことで、プロジェクト計画はでき上がります。しかし、計画プロセスの最後に重要な事項が残っています。それは、計画を今一度精査し、計画についてプロジェクトの依頼者および関係者の承認を得ることです。

　計画段階のまとめは、次の通りです。

①計画の詳細をチェックする
②承認を取り付ける
③基準計画を発足させる
④プロジェクト・ファイルにまとめる

　以下、1項目ずつ説明していきます。

①計画の詳細をチェックする。

　チェックする項目は、次のようなものがあります。

- ワーク・パッケージについて

　作業工数は40時間内になっているか、成果物はあるか、プロジェクト目標に合致しているか、完了・終了の判断基準は明確か、検討作業にチーム・メンバーは参加したか、プロジェクト完了に必要な作業は漏れていないか。

- チーム・メンバーの合意はとれているか

　各作業の所要期間、各作業の開始日および終了日、各作業の責任者

- ネット・ワーク図は作ったか
- プロジェクト・チームはプロジェクトの実績データを毎週記録する手配をしているか
- プロジェクトの総所要期間は適切か

計画段階のまとめ

- マイル・ストーンは漏れがないか

 特に重要なことがあります。ステップ5でクリティカル・パスを短縮し、ステップ6で負荷を調整したときに、ネット・ワークの依存関係を修正したり、要員の追加を行った場合には、それを計画に反映させなければなりません。

 また、ステップ8でリスクの予防対策を講じたときは、その予防対策に必要な要員を増やしたり、費用を予算に加えるなどの計画の修正が必要になります。忘れがちなのは、発生時対策を用意したときは、予算の予備費に発生時対策の費用を加えておくことです。

8-11 計画の承認を取り付ける

②計画の承認を取り付ける

計画のチェックが終わると、その計画の承認を得ます。誰から承認を得るのか迷うところですが、プロジェクトの依頼者はもちろんのこと、主要な関係者からも計画について承認を得ておきたいものです。

以下は承認をスムーズに得るためのポイントです。

- 計画策定にすべての関係者を巻き込む
- 計画は、簡潔明瞭にまとめる
- 正規の承認ルートを決め、それに従う
- 承認のために十分な時間をとる

計画の承認には、できるだけ多くの関係者を巻き込んでおきます。それはいわゆる「ツルの一声(プロジェクトの遂行中に異論が出て、プロジェクトがストップする事態)」への対策になります。

筆者が経験した通信会社の「経営改革プロジェクト」でも、オーナーの社長から、1カ月の時間を与えられプロジェクトの計画立案を命じられました。そして1カ月後、「経営改革」プロジェクトに関する最高意思決定会議である運営会議が開かれ、プロジェクト・マネジャーが計画を発表し、計画の承認を得ました。この運営委員会には、経営陣以下、関係部門の部門長が出席しており、計画の承認にお墨付きを得たと同時に、計画は関係者に広く共有されることとなりました。

③基準計画を発足させる

承認を受けた計画は、実行の際の基準計画(ベースライン)となります。基準計画は、次のような特徴を持っています。

基準計画(ベースライン)の特徴

- 承認時に有効
- 固定不変でない
- 経営の手段として弾力的に使う
- プロジェクト遂行の注意信号
- 再交渉できる

- あくまで、承認を取り付けた時点で有効
- 固定不変でない
- 経営の手段として弾力的に使うこと
- プロジェクト遂行の注意信号の役割を果たす
- 再交渉に変更できる。その場合は、文書にまとめ、改めて合意を取り付け、記録に残す。

基準計画の身近な例を挙げます。不案内な土地に車で旅行に出かけるときは、あらかじめカーナビゲーションなどでドライブコースを設定します。これがドライブの基準計画です。ドライブの途中で立ち寄りたい観光地を見つけると寄り道します。しかし、基準計画があると簡単に元のコースに戻ることができます。基準計画はガイドラインでもあるのです。

8-12 プロジェクト・ファイルにまとめる

④プロジェクト・ファイルにまとめる

プロジェクトの計画をファイルにまとめます。ステップ1で作成したプロジェクト・ファイル（34ページ）に計画プロセスの成果物を追加します。これは、プロジェクト・マネジャーがプロジェクト進行中に現状を把握するために、また、次の類似プロジェクトを計画するときの基礎データとして活用することができ、大いに役立ちます。

以下はプロジェクト・ファイルに盛り込むものです。

- 報告の予定
- WBS、作業記述書
- 各種見積り
- ネット・ワーク図、スケジュール
- リスク・マネジメント計画表
- 現状報告書
- 課題リスト
- 変更記録

このプロジェクトからの教訓

ビジネスパーソンからよく質問されます。「計画の重要性は理解しました。しかし、計画を策定している時間などありません。納期が厳しいプロジェクトばかりで、すぐに作業を開始しても間に合わないのです。どうしたらよいのでしょうか？」企業が置かれている状況や、その中で、プロジェクト・マネジャーのみなさんが苦悩している実態がよくわかる質問です。状況は理解できますが、少し考えてみましょう。もし、計画策定もソコソコに、プロジェクトの作業に着手したとす

プロジェクト・ファイルに盛り込むもの

	その1（ステップ1）		その2（ステップ2〜8）
1	プロジェクトのコンセプト	10	報告の予定
2	プロジェクト目標	11	WBS、作業記述書
3	変更管理の手順	12	各種見積り
4	最終成果物に要求されるもの	13	ネット・ワーク図、スケジュール
5	プロジェクトの基本ルール	14	リスク・マネジメント計画表
6	代替案	15	現状報告書
7	フィージビリティ・スタディ結果	16	課題リスト
8	前提条件	17	変更記録
9	過去のプロジェクトからの教訓	18	このプロジェクトからの教訓

れば、どのような事態が待ち受けているでしょうか。必要ない作業を行ったり、作業の順番を間違えてやり直しが多発したり、あるいは、完了基準が不明確なままいつまでも作業が完了しない事態が発生し、プロジェクトはドンドン遅れていく様子が手に取るようにわかります。

その遅れの時間の一部でも、計画策定に使えないものでしょうか。そのほうが、プロジェクト全体の期間を短くできることは高い確率でありえます。

計画を立てることは目標達成の必須かつ有効な手段です。「段取り八分に、実行二分」という古くからのことわざがありますが、これも計画の重要性を説いたものです。現在のビジネス社会でも「段取り上手は、仕事上手」などの言葉にこの計画重視の精神は生きています。

ステップ 9

進捗を
コントロールする

9-1 進捗をコントロールする

　このプロセスでは、プロジェクト・マネジャーの仕事は、進捗管理が中心となります。プロジェクトが計画に沿って進んでいるかチェックして、変更をコントロールします。

　コントロールするものは、プロジェクトの計画と、スコープの変更の2つです。最初はプロジェクトの計画です。

〈What〉

　進捗コントロールの流れは次ページの通りです。プロジェクトの実績が計画に沿って進んでいるかどうかをモニターし、計画と実績を比較して差異があれば、その差異がプロジェクトに与える影響を判断し、必要に応じて対策を講じます。

〈Why〉

　プロジェクトは、必ずしも計画通り進むとはかぎりません。そこで、常に計画と実績の差異を把握しておく必要があります。差異が生じたとしても、すべてに対策を打つのはあまりにマイクロ・コントロールとなってしまいます。差異を評価して、対応することが必要です。

〈How to〉

　以下は進捗コントロールの手順です。

①実績データを集める
②計画と実績を比較する
③差異の原因を究明し、影響を分析する
④是正対策を講じる
⑤プロジェクトの計画を修正する
⑥現状と修正点を報告する

次項から、手順の詳細について説明します。

進捗のコントロールと報告のサイクル

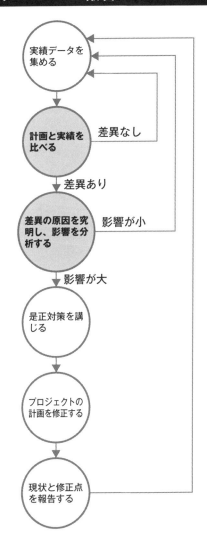

9-2 進捗コントロールの手順（1）

①実績データを集める

まず、コントロールする項目を具体的に決めます。コントロール項目には、次のようなものがあります。

- 進捗：成果物、品質基準
- 経費：実作業時間、時間外作業時間、発注額、請求額
- スケジュール：完了日、マイルストーン
- 要員：個人の実作業時間、参加状態
- チームの士気、生産性

コントロール項目には、コントロール範囲を決めます。たとえば、「予算額±5％」などのような具合です。

以下は、コントロール項目を決めるときの注意事項です。

- 集めやすいデータのみを集めない
- 客観的データのみを集めない（ソフトなデータも）
- 作業量にとらわれ、成果を軽視しない

実績データを集める方法を、以下のように予め決めておきます。

- プロジェクト・マネジャーが、チームのメンバーの1人ひとりに状況を聞いて集める
- 作業責任者が、それぞれ自分の担当作業の状況をプロジェクト・マネジャーに報告する
- 電子メール、現状報告書、実績データベースなどを活用し、自動的に集める
- 毎週、定例の進捗会議を開き、プロジェクト・チーム・メンバーがその週の作業状況を報告する

計画と実績を比較する

②計画と実績を比較する

質問を通じて、差異の有無を確認します。差異がある場合は、それが許容範囲内にあるかどうかを判断します。差異が許容範囲を超えているときは、次のステップに進みます。

③差異の原因を究明し、影響を分析する

計画と実績との間に差異がある場合は、その差異がどのような理由で生じたのか、原因を究明します。

原因の究明をする際は、最初に思いついた原因だけで良しとせずに、複数の可能性を洗い出します。また、「なぜ」「なぜ」を繰り返し、本質的な原因まで掘り下げます。

次に、差異がプロジェクトのスケジュール、予算、スコープ・品質、チーム・メンバーにどのような影響を与えるかを判断します。

9-3 進捗コントロールの手順（2）

④是正対策を講じる

　差異がプロジェクトに与える影響を無視できないときは、計画と実績の間の差異を解消するため、是正対策を講じます。是正対策は、差異とその影響の大きさから判断して、妥当な対策を講じますが、次のような方法があります。

- 様子を見ながら、さらに情報を集める

　イエローカード（注意信号）を発して、作業の推移を細かく監視します。

- プロジェクトの計画に小さな修正を加え、当初の計画に沿って進める

- 当初の計画を大幅に修正する

　どんな修正が必要かは、作業の責任者や、知識・経験の豊富なメンバーと相談して、最適な是正対策を講じます。具体的には、要員・経費の追加投入、時間外作業の実施、スコープの縮小、終了時期の延長などです。

　このとき、プロジェクトの3つの要素の優先順位を忘れてはなりません。納期最優先のときは、終了時期の延長といった是正対策は、最後の選択肢となります。

⑤プロジェクトの計画を修正する

　是正対策を講じたら、是正対策の内容と今までのプロジェクトの進捗状況を加味して、プロジェクトの計画を修正します。この後のプロジェクトは、この修正計画がベース・ラインとなり進められていきます。

　計画の修正のポイントは次の通りです。

- どこにどれだけの余裕があるかを把握する（時間、資源、ス

是正対策の種類

* 様子を見ながらさらに情報を集める

* プロジェクトの計画に小さな修正を加え、当初の計画に沿って進める

* 当初の計画を大幅に修正する
  ・要員・経費の追加投入
  ・時間外作業の実施
  ・作業のアウトソーシング
  ・スコープの縮小
  ・終了期間の延長

コープ、成果物)
- 計画の修正は、権限を持つ者だけが行う。承認して共有する
- 計画を修正した場合のマイナスの影響を考慮する
- 修正が必要な場合は、躊躇なく行う
- 複数の解決案を検討し、まず、当初の条件の中での解決を図る。その上で必要な場合、計画の修正を提案する
- 提案が認められたら、文書に残す
- 修正を記録に残す

この記録は、プロジェクトのデータベースとなり、次の類似プロジェクトの参考データとなります。

9-4 進捗コントロールの手順（3）

⑥現状と修正点を報告する

　プロジェクトの計画を修正したら、プロジェクトの関係者に、現状、修正点、問題点およびその解決策を報告します。誰に、いつ、どのような内容の報告が必要なのか、次ページ上の図を参考にしてください。

　先に紹介した、通信会社の経営改革プロジェクトでは、約10のプロジェクトが並行して走っていましたので、プロジェクト・オフィスが設置され、毎月1回運営委員会が開催されました。プロジェクトの現状報告は、この運営委員会で行われます。

　プロジェクト・オフィスの室長は、すべてのプロジェクトについて、全体像の現状報告を行います。そして、問題が発生して計画の修正が必要なプロジェクトについては、プロジェクト・マネジャーが、問題点と解決策、およびプロジェクトの計画の修正内容を説明し、承認を得ることが行われていました。

　現状報告書によって、現状報告を行う方法もあります。現状報告書に盛り込むものは、現状（スケジュール、マイルストーン）および修正点、次回の報告までの目標、リスク事象、などです。リスク事象とは、リスク・マネジメント計画表に挙げたリスクで、この先発生が予想されるもののほか、プロジェクトの進捗状況により新たに発生が予想されるリスクがあります。これらも現状報告書に盛り込み、関係者間で共有します。際立った達成事項をぜひ盛り込みたいものです。

　詳細は次ページ下の図を参照してください。

現状報告の対象と内容

	経営陣	直属の上司	メンバー
詳しさ	全体像、図表 マイルストーン	中	詳細
頻度	少ない (最低月1回)	中	頻繁 (最低週1回)
内容	全体像 問題点＋解決策	求めるもの	全体像 関係領域

現状報告書の内容

- 現状(××月××日現在)
  - スケジュール
  - 予算

- 次回までの目標
  - 実施待ちの作業、完了予定の作業マイルストーン
  - 30-60日先までの見通し

- リスク

- 際立った達成事項

9-5 演習事例(1)

　ステップ9では、演習事例を用意しました。3つのプロジェクトの現状があります。プロジェクト・マネジャーの観点から検討してください。
　以下は演習事例の進め方です。
①計画と実績を比べる
- チャート上ではどんな差異があるか？
- このプロジェクトは順調と言えるか？
- その理由は？

②差異がある場合は、その影響を分析する
③今、何に注力すべきか？　是正対策を講じるとしたら、どんな是正対策を講じるべきか？

　以下、演習事例（1）、演習事例（2）、演習事例（3）を3ページにわたって掲載します。

〈演習事例1〉

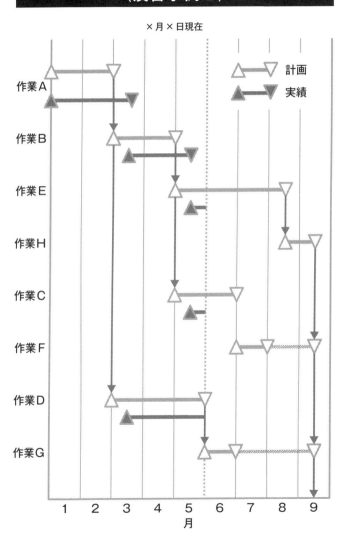

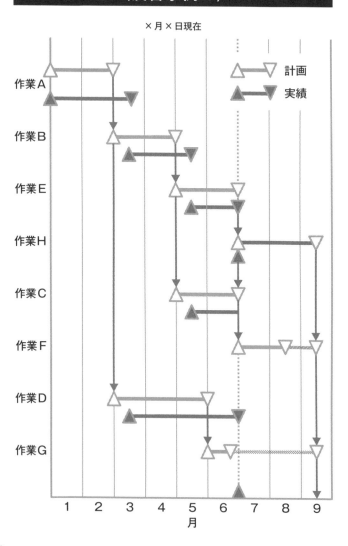

ステップ9　進捗をコントロールする

〈演習事例3〉

総予算　20,000千円　　　　　　　　　　　　　　　　　　単位：千円

経費項目		××月××日現在									
		1	2	3	4	5	6	7	8	9	10
人件費	予算	500	1000	2000	3200	4800	5900	6500	7100	8200	8500
	実績	450	1250	2500	3750						
外注費	予算	0	0	1200	4500	5400	7600	8000	8200	8400	9500
	実績	0	0	1200	2000						
材料費	予算	300	500	700	790	850	1000	1300	1500	1900	2000
	実績	300	510	690	780						
合計	予算	800	1500	3900	8490	11050	14500	15800	16800	18500	2000
	実績	750	1760	4390	6530						

9-6 演習事例(2) 解答のポイント

《演習事例-1》

このプロジェクトは、ほぼ順調に進んでいると言っていいでしょう。

作業Aの終了が1週間程度遅れた結果、作業B、作業Dも1週間程度の遅れでスタートしています。クリティカル・パスの作業Bは計画通りの所要期間で終了しましたが、遅れは取り戻せませんでした。この結果、作業Eと作業Cが1週間遅れで開始しています。作業C、作業Dについては、後ろにフロートを持っていますので、心配ありません。

問題は、クリティカル・パスの作業Eの約1週間の遅れです。プロジェクトの納期まで、あと3カ月半残している時点で約1週間の遅れをどう判断するかです。3カ月半の期間の中で、1週間程度の遅れを取り戻すことも十分可能です。それには、作業Cを担当しているメンバーに、作業の進捗状況を直接聞いてみることです。その返事次第で、注意して様子を見ておくことにするのか、何らかの対策を講じるのかを判断します。

《演習事例-2》

このプロジェクトは、注意が必要です。

作業Aの約1週間の遅れを、作業B、作業Dはそのまま引きずって開始され、作業E、作業Cの開始時期も1週間遅れとなりました。クリティカル・パスの作業Eは、計画の所要期間より早く終了し、遅れを取り戻した結果、作業Hは計画通り開始されました。しかし、作業Cは遅れをとり戻すことなく、計画の終了時期を過ぎています。後続作業Fはフロー

トがありますが、約半月のフロートです。作業Cの今後の進捗状況によっては、フロートもなくなってしまいます。そうすると、こちらが新たなクリティカル・パスとなりそうです。作業Hとともに、作業C、その後続作業Fを重点的にモニターし、状況次第では対策を講じる必要があります。

　プロジェクトの進捗状況次第で、クリティカル・パスが変わる事態はよく生じます。クリティカル・パスが変わると新たなリスクも発生します。フロートの小さな経路への注意も必要です。

《演習事例−3》

　プロジェクト費用の実績合計は、予算を下回っています。その理由は、人件費の実績が予算よりオーバーしているものの、外注費の実績予算より下回っているからです。費目ごとの凸凹があっても、合計の実績が予算より下回っていれば問題なしとしていいのでしょうか？　答えはノーです。このプロジェクトの問題の1つは、人件費の予算と実績の乖離が次第に大きくなっていることです。俗に言う"ワニのクチ"状態です。

　2つ目の問題は、外注費の実績が予算を下回った理由はなにか？　です。理由としては、本来納品されるべきものが未納であることも考えられます。外注品の未納が原因であるとすると、それに付属する作業も未着手で、作業遅れが発生していることもありえます。早急に外注費用の予算と実績の乖離の原因究明と、作業の進捗状況を確認し、影響を分析する必要があります。

9-7 スコープの変更をコントロールする

もう1つのコントロール対象は、スコープの変更です。

〈What〉

プロジェクトには、スコープの変更はつきものです。しかし、変更をそのまま受け入れていると、プロジェクトは間違いなく、破綻への道をたどります。そこで、スコープの変更をコントロールします。プロセスは次ページの通りです。

〈Why〉

プロジェクトの最初のスコープは、作業A、B、C、D、E、F、G、Hの8つだったとします。1回目のスコープ変更で作業Bがなくなり、作業IとJが増えました。2回目のスコープ変更で、作業KとLが加わり、同時に作業C、D、Gは不要となりました。このプロジェクトは完成までに、作業A、E、F、H、I、J、K、Lの8つの作業を必要としたのですが、プロジェクト・チームは、作業Aから作業Lまでの計12の作業すべてを行っています。結果的には、不要な作業に時間と工数と費用を費やしているのです。これを防ぐのがスコープ変更管理の目的です。

〈How to〉

スコープ変更管理の手順です。
①変更要求を文書にまとめる
②変更要求を台帳に記録する
③変更の理由と効果を評価する
④プロジェクトへの影響を評価する
⑤採用、不採用、延期を決める
⑥関係者に通知し、計画に盛り込む

ステップ9 進捗をコントロールする

スコープの変更をコントロールする

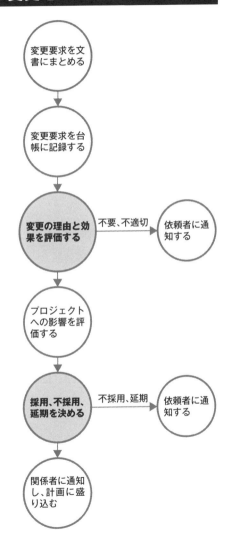

9-8 スコープ変更管理の手順

①変更要求を文書にまとめる
変更の依頼者あるいはプロジェクト・マネジャーが変更要求申請書(次ページ上の図)に記入します。

②変更要求を台帳に記録する
依頼書に番号をつけ、変更記録台帳(次ページ下の図)に登録します。

③変更の理由と効果を評価する
プロジェクトの利害関係者を巻き込んで、理由と効果の両面から検討します。変更を不要・不適切と判断した場合は、依頼者に通知します。

④プロジェクトへの影響を評価する
変更が必要・適切と判断したら、変更した場合の影響について、スケジュール、予算、要員、品質の面から検討します。

⑤採用、不採用、延期を決める
採用、不採用、延期の判断は、理由、効果、影響のそれぞれの分析に基づいて行います。不採用、延期と決定したら、それを依頼者に通知します。

⑥関係者に通知し、計画に盛り込む
変更の採用を決めたら、計画を修正し、すべての関係者に通知します。

スコープ変更管理は、依頼者とプロジェクト・チームで情報共有が決め手となります。

スコープ変更を記録に残しておくことは、将来のプロジェクトの計画立案に活用できますので、重要な組織資産となります。

ステップ9 進捗をコントロールする

スコープの変更管理

現状報告書の内容

プロジェクト名:
プロジェクト・マネジャー:
変更管理 NO.
作成日:

| 従来の計画 | 終了日 | 作業工数 | 経費 |

変更の内容

| 変更後の計画 | 終了日 | 作業工数 | 経費 |

従来の予測との違い

承認の可否

プロジェクト・マネジャー:　□承認　□後日検討　□承認せず　日付
理由:

経営陣:　□承認　□後日検討　□承認せず　日付
理由:

_____　　　_____　　　_____
部門長サイン　　　　　　役職　　　　　　　　日付

スコープ変更記録台帳

プロジェクト名:
プロジェクト・マネジャー:

変更管理 NO.	提出日	変更の内容	依頼者部署	内線	必要期限	完了期日	作業量
					評価	評価	見積
					実績	実績	実績
					評価	評価	見積
					実績	実績	実績
					評価	評価	見積
					実績	実績	実績
					評価	評価	見積
					実績	実績	実績

「作業量」欄について　　見積=変更要求について検討した際の見積り
　　　　　　　　　　　実績=変更要求を実行した際の実績

ステップ 10

事後の振り返りをする

10-1 事後の振り返りをする

ステップ10は終結プロセスです。プロジェクトが終了したら、最後のステップとして事後の振り返りを行います。

〈What〉

プロジェクト・チームが、プロジェクト期間中にあったことを振り返り、評価します。その成果物が経営陣に対するプロジェクトの最終報告となります。また、これが今後のプロジェクトへの貴重な参考となり、組織の財産となります。

〈Why〉

プロジェクトが終了すると、打ち上げをして終わりというのはよくあるパターンです。もっとも、プロジェクトが終了しても、「手直しが発生して打ち上げなどしている時間がありません」という声がよく聞かれます。しかし、手直しはプロジェクトの最終成果物を依頼者に受け入れてもらえていない状態ですから、プロジェクトの完了とは言えません。手直し期間も含め、振り返りを行う必要があります。振り返りを行い、それを教訓としてまとめ、組織の財産として残す。そして、次のプロジェクトに活かす。それが学習する組織です。

〈How to〉

事後の振り返りの手順です。

①最終の実績データを集める
②事後の振り返り会議を開く
③文書にまとめ、記録に残す

以下、順に詳しく説明していきます。

①最終の実績データを集める

プロジェクトの実績データは、実行・コントロールプロセ

ステップ10 事後の振り返りをする

事後の振り返り会議の議題

プロジェクトから学んだこと
スコープ
スケジュール
予算
進捗管理
チーム
依頼者、取引先、他部門
プラスのフィードバック

スでも逐一集めますが、ここでは、時間を割いて最終データを集めます。プロジェクトの成果物そのものの検討は、ここでは行わず、別途行います。ここでは、プロジェクトのプロセスの振り返りに注力します。

②事後の振り返り会議を開く

いくつかのポイントがあります

- プロジェクトが終了したらすぐ開く。たとえば打ち上げの2時間前を使う。理由は、打ち上げにはメンバー全員が集まります。打ち上げが済むと、集まらなくなります。
- 会議の目的をはっきりさせる。プロジェクト終了の節目として、教訓を得ることです。
- 議題（上の図）は事前に文書で伝える。
- うまく行った点、うまく行かなかった点を取り上げる。

10-2 事後の振り返り会議での質問例

〈スコープについて〉
* プロジェクトの成果物は依頼者の要求を満たしたか？ それは追加の作業なしにできたか？
* 追加の作業が必要であった場合、それはなぜか？
* プロジェクトの途中でスコープは変わらなかったか？ その変更をどう管理したか？ 次回のプロジェクトに活かすべき教訓は何か？
* プロジェクトのスコープを作成する際に学んだことで、今後に活かすことができるのは何か？

〈スケジュールについて〉
* プロジェクトは計画どおりの期日に終了したか？
* 計画どおりに終了した場合、その理由は何か？
* 計画より遅れた場合、その理由は何か？
* スケジュール・コントロールについて学んだことで、今後に活かすことができるのは何か？

〈予算について〉
* プロジェクトの総経費は予算どおりか？
* 予算コントロールについて学んだことで、今後に活かすことができるのは何か？

〈進捗管理について〉
* プロジェクトの進捗を管理するにあたり学んだことで、今後に活かすことができるのは何か？
* 是正対策を講じるにあたり学んだことで、今後に活かすことができるのは何か？

〈チームとして〉
* 要員配置について学んだことで、今後に活かすことができるのはなにか？
* チーム内のコミュニケーションをとる上で、うまくいったことは何か？ うまくいかなかったことは何か？

*役割を分担する上で、うまくいったことは何か？ うまくいかなかったことは何か？
メンバーは最適なスキルを持っていたか？ 役割分担は適材適所で行ったか？
それぞれのメンバーが自分の役割を正しく認識し、作業の重複はなかったか？

〈依頼者、取引先、他部門との関係について〉
 *プロジェクトの依頼者との関係を維持改善するにあたり、学んだことは何か？
 *「ツルの一声」にどう対処したか。
 *外部の取引先、外注との関係を維持改善するにあたり、学んだことは何か？
 *社内の他部門との関係を維持改善するにあたり、学んだことは何か？

10-3 教訓を残す

③文書にまとめ記録に残す

事後の振り返り会議で集約した意見を、経営陣への最終報告とします。今後のプロジェクトへの貴重な参考資料となりますので、わかりやすく、使いやすい書式にまとめて、プロジェクト・ファイルにまとめ、誰にでもわかり、取り出しやすい形で保管します。

ポイントは次の通りです。

- 必要とする人が、簡単にアクセスできること
- 新しいプロジェクトが発足したら、すぐプロジェクト・ファイルを作成し、同じ保管場所に保管する
- 教訓のうち、次のプロジェクトに関連するものを検討し、計画策定に活かす

畑村洋太郎氏は、その著書『失敗学のすすめ』（講談社）で、プロジェクトの教訓として、次のような項目を挙げていますので、参考にしてください。

- タイトル、事象、経過、原因、対処、総括、知識化

失敗とは、リスク・マネジメントの観点からは、認識しなかったリスク事象の発生、予防対策や発生時対策が機能しなかったリスク事象と言えます。これは、次のプロジェクトのリスク・マネジメントの貴重な教訓となるのですが、失敗を振り返らずに、教訓化していないと、また同じ愚を繰り返すことになります。

教訓は、次ページの図のような様式でまとめるとよいでしょう。特にうまくいかなかった点、改善点を中心にまとめておき、将来のプロジェクトの計画立案およびリスク・マネジ

事後の見直し：教訓のまとめ

カテゴリー	うまくいった点	うまくいかなかった点	改善点

メントに活用します。

　プロジェクトの教訓には、自社の教訓のみならず、他社の成功例、失敗例も参考にできれば望ましいと考えます。

　先に述べた畑村洋太郎氏は、失敗学会なるものを立ち上げ、企業・組織の主要な失敗事例を分析し、ウェブで「失敗知識データベース」(特定非営利活動法人失敗学会・http://www.shippai.org) として公開されています。参考にしてください。「賢者は、他社の成功や失敗からも学ぶ」という心がけも大事なのです。

終章

パーソナル・プロジェクト

終章① パーソナル・プロジェクトとは

普段の生活で実践するプロジェクトマネジメントのスキル

プロジェクトマネジメントのプロセスは、パーソナル・プロジェクトへ適用できます。

プロジェクトマネジメントのツール・スキルに習熟するには、何度も使ってみることです。仕事上でのプロジェクトは簡単に経験できませんが、パーソナル・プロジェクトではそれは可能です。

本書ではパーソナル・プロジェクトについて次のように紹介します。

「終章① パーソナル・プロジェクトとは」
「終章② テーラリングの重要性」
「終章③ 私のパーソナル・プロジェクト」
「終章④ パーソナル・プロジェクトの贈り物」

人生もプロジェクト？

『パーソナルプロジェクトマネジメント』(日経BP社)の著者、富永 章氏は、著書の中で次のように定義しています。
「個人の活動(パーソナル・プロジェクト)にプロジェクトマネジメントの手法を適用すること」

個人の活動とは、いろいろな活動が考えられます。PMPなどの資格取得、ダイエット活動、持ち家計画などなど。ある人は、「人生そのものが一大パーソナル・プロジェクトである」とさえ言っています。

人は誰でも、かなえたい夢を持っています。その人生の夢を実現するためにプロジェクトマネジメントの手法を活用す

パーソナル・プロジェクトとは

個人の活動、たとえば自分の人生の目標達成に、プロジェクトマネジメントのスキル・手法を活用すること。たとえば……

- 大学院MBA受験
- 47都道府県制覇サイクリングツアー
- メタボ改善ダイエット計画
- 新居購入田舎暮らし移住
- 百名山制覇

る活動、それが「パーソナル・プロジェクト」であると言えます。

終章② テーラリングの重要性

パーソナル・プロジェクト実践にあたっての注意事項

　パーソナル・プロジェクトに、プロジェクトマネジメントの標準プロセスをそのまま適用する必要はありません。プロジェクト憲章は必要ないでしょう。プロジェクトのスコープによっては、不必要なステップもあります。1人で行うプロジェクトなら、役割分担は必要ありません。

　一方、必要不可欠なステップもあります。目標の明確化とワーク・パッケージの洗い出しです。パーソナル・プロジェクトのためには、標準プロセスの「テーラリング」を行うことが必要なのです。

　テーラリングとは、「仕立て直し」だと説明しました。プロジェクトマネジメント標準プロセスのうち、パーソナル・プロジェクトに欠かせないステップを洗い出し、過去のパーソナル・プロジェクトの経験から付け加えるステップを考え、そのプロジェクトに合ったプロセス、ステップに仕立て直すのです。

パーソナル・プロジェクトのステップ

　一般的なパーソナル・プロジェクトのステップは次のようになると考えます。

①ステップ1：目標を明確にする

　パーソナル・プロジェクトでは、スコープの囲い込みが重要です。多くの場合、費用はできるだけ少なくしたいし、使える日数も限られています。しかし、プロジェクト遂行過程で、あれもこれもとやりたいことが増えてきます。この欲求をコントロールしないと、スコープ・クリープに陥り、時間

も費用も不足し、結局は目標とした成果物さえ得られなくなるのです。

　パーソナル・プロジェクトは、SNSやブログにアップすることが多く見受けられます。本を出す方もいらっしゃいます。そのときのために、過程を写真として記録しておくこともスコープに含めておくとよいでしょう。

②ステップ2：ワーク・パッケージを洗い出す

　どんなパーソナル・プロジェクトでもワーク・パッケージの洗い出しは必須です。

　思いつきで、ワーク・パッケージを考えていたら、高い確率でヌケやモレを起こすことは、私の経験からも言えます。WBSを使って洗い出しましょう。

③所要期間を見積る

　ワーク・パッケージがどのくらい時間がかかるか、所要期間の見積りも大事です。

　予測が難しいときは、楽観値、現実値、悲観値の三点見積り法を使うと精度が上がります。三点見積り法は、ステップ3の「3-8」で紹介しています。参考にしてください。

④ネット・ワークを作る

　パーソナル・プロジェクトは一人で行うことが多く、ワーク・パッケージの依存関係も終了-開始型がほとんどですが、時には、掛け持ちで並行して行うものもあります。

　そのときは、依存関係、フロート、そしてクリティカル・パスなども確かめておくことも必要です。

⑤ **スケジュール**

　計画は、スケジュール表に落とし込んでおきたいものです。日程表などでもよいかと思います。

⑥ **リスクに備える**

　パーソナル・プロジェクトではリスクはつきものです。発生確率を下げる予防対策は、リスク事象発生の原因によっては、自分でコントロールできず、予防対策が不可能なものも多くありえます。影響度が大きいと考えられるリスク事象に対して、発生時対策を幾重にも用意しておくことが大事です。

　リスク発生に遭遇したときの心がけは、「楽観主義で臨め」です。パーソナル・プロジェクトは基本的に一人で行うものです。プロジェクトが行き詰まって、メンタル的に落ち込むこともよくあります。自分で考え、自分で判断・決断しなければなりません。そのときは、「何とかなる、これも良い経験だ」と楽観的に捉え、前向きに進むことが肝要です。

⑦ **実行・コントロール**

　スケジュールの実行・コントロールにおける大事な点は、実績を記録しておくことです。

　同じようなワーク・パッケージを持つパーソナル・プロジェクトを何度も行うことがあります。次回の計画策定に本当に役立ちます。

　パーソナル・プロジェクトにスコープ変更はつきものです。プロジェクトの進行過程で、「あれもやってみたい、ついでにこれも」と欲求は果てしなく湧き起こってきます。欲求に素直になり、かつ冷静に、制約条件の優先順位を考えたスコー

プ変更を楽しんでください。少々の後悔は、次のプロジェクトの糧となります。

⑧事後の振り返りをする

楽しい記憶も、たやすく忘れ去られます。プロジェクトが完了したら、できるだけ早く、楽しかったこと、うまくいかなくて後悔してしまったことを振り返り、記録として残しておくことをおすすめします。パーソナル・プロジェクトの良いところは、繰り返しできることです。たとえば、資格取得試験に1回目は失敗したとしても、それを教訓として、2回目にチャレンジすることができます。2回目のチャレンジを成功させるには、1回目の良かった点、悪かった点を振り返り、教訓化し、2回目の計画に反映させることが重要です。

楽しかったこと、良かったことの教訓は、次のプロジェクトの成功要因となります。悪かった点の教訓は、次の成功への意欲に変わります。たくさん撮った写真もプロセスを追って残しておきます。これを後日見ると、次のプロジェクトの立上げ意欲が湧いてきます。パーソナル・プロジェクトの継続には、事後の振り返りが必須です。

終章③ 私のパーソナル・プロジェクト

　私は現在「シニア・プロジェクト」を継続中です。65歳から始め、70歳までに完了とした「シニア・プロジェクト」で具体的に設定したタスクは「百観音巡礼」だけで、他は「端を極める」をテーマとして、思いつくままその都度タスクを設定し、昨年春に行った「ユーラシア大陸西端を訪れる」などを気楽に楽しむこととしています。

「百観音巡礼」とは「西国三十三観音」「坂東三十三観音」、そして「秩父三十四観音」の合計百観音の札所（お寺）に参り、納経帳に「御朱印」をいただくことを成果物としたタスクです。今年の春に行った「西国三十三観音」のうち、和歌山県、奈良県、大阪府、そして京都府の14の札所を5日間かけて巡礼した事例をご紹介します。

①巡礼方法の選択（制約条件の中で最善の方法を選ぶ）

「西国三十三観音」は和歌山、奈良、京都、大阪、兵庫、滋賀、そして岐阜の2府5県にまたがっており、一度に巡礼するのは至難の業であり、何度かに分けて巡礼することを前提条件として決めていました。しかし、どのような方法で巡礼するのかについては、「歩いて」「自転車で」「車で」など複数の選択肢があり、今回はどうするかの選択決定が最初のワーク・パッケージとしてありました。このプロジェクトも前提条件を「四国お遍路」と同様に人力（歩くか自転車）としていたため、「車で」という選択肢は最初から消えました。「歩く」か「自転車」か判断に悩みましたが、グーグル・マップなどを使い経路探索をすると、札所と札所の距離は40～50 kmあり、途中標高300 m前後の峠越えもある経路も存在する

ことが判明し、第3の方法「電車を使い、最寄駅から札所までは歩く」を選択することとしました。

制約条件である「所要日数」「費用」を考慮すれば、これが最善の選択肢（前提条件を若干崩すこととなるが）であると判断したのです。

②目標を明確にする（スコープを囲い込む）

巡礼方法を決めると、次に5日間でいくつの札所を回れるか、電車を使い最寄駅から歩くと決めた場合、次の札所に電車で行くにはどのルートを取るのか、どのくらいの時間がかかるのか、札所の順番はどうするか？　など、いくつもの疑問が湧き起こってきました。これを解決するベストの策を見出すのは、至難の業となりました。

そこで、札所の最寄駅まで電車を使う前提で、5日間で回れそうな札所の範囲を大まかに設定することを行い、具体的には後で決定することとしました。

しかし、問題は残っています。今回の巡礼で訪れる奈良県の明日香地方には、飛鳥文化の遺産・遺跡が多く存在します。折角だからこの機会を逃すことなく、訪れてみたい！　これがパーソナル・プロジェクトの楽しみです。

高松塚古墳、キトラ古墳、石舞台古墳、そして日本最初の仏教寺院・飛鳥寺など、スコープは広がるばかりです。京都の醍醐寺を訪れるなら豊臣秀吉の最後の花見の地を見て、上醍醐寺までハイキングしてみたい。情報収集すればするほどスコープが広がっていきました。

5日目は、遅くとも17時には京都駅から新幹線に乗らなけ

ればならないという、最優先である時間の制約条件の中で、スコープを決めることとしました。

③実行・コントロールとスコープ変更

　このプロジェクト・タスクは、スコープさえ決めれば、後は電車の時刻表や歩き距離から予測する所要時間でスケジュールが決まっていきます。比較的コントロールは容易なタスクではあります。しかし、何らかの事情でスケジュール通りにいかなくなると、札所の納経所は遅くても17時、早ければ16時半に閉まるため、御朱印をいただけない事態となります。

　これも、先立つ「四国お遍路」で経験して教訓として残っているので、札所から札所の所要時間はやや悲観値でスケジューリングしました。

　それでも、このタスクでは清水寺（第16番札所）をスコープに入れていましたが、春のシーズンは清水寺への参道は観光客と観光バス、タクシーであふれかえり、参拝もままならない状況から、参拝を断念せざるを得ませんでした。新幹線の時間を優先してのスコープ削減です。

　今回の教訓としては、リスク・マネジメントの不足が挙げられます。観光シーズンであることをあまり重視せず、あそこまでの混雑を予測できませんでした。混雑の発生確率を楽観的に見ていました。あるいは、混雑はある程度予測していたが、参道が歩けないほどになるとの影響度を過小評価していたことにあります。肝に銘ずべき教訓です。

終章 パーソナル・プロジェクト

西国三十三観音巡礼スコープ

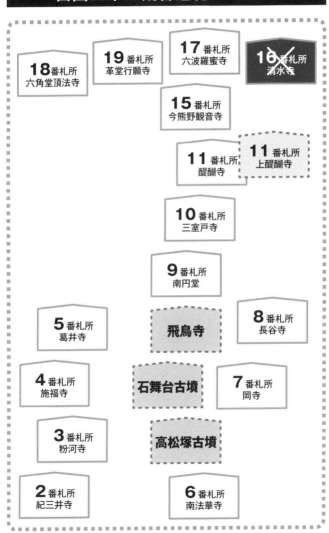

終章④ パーソナル・プロジェクトの贈り物

　パーソナル・プロジェクトは、個人の夢を実現することを目的としますが、それはいくつかの贈り物をもたらしてくれます。

①夢を実現する喜び

　最初に挙げる贈り物はこれです。夢は、夢として持っているだけでは実現できません。

「夢⇒具体的目標⇒目標達成のための詳細な計画⇒計画に沿った実行・コントロール」

　このプロセスを踏むことにより夢は実現します。そして、夢の実現は私たちに喜びをもたらしてくれます。次の夢実現に向けての励ましを与えてくれ、それは夢実現のエネルギーになります。そして、夢は次々に膨らんでいきます。

②多くのステークホルダーとの出会い

　パーソナル・プロジェクトは一人で行うものですが、その遂行過程で、いろいろなステークホルダーとの出会いがあり、ステークホルダーの方々の協力、援助もいただくことも多くあります。これも、パーソナル・プロジェクトの喜びであり、醍醐味であると言ってもいいでしょう。

　プロジェクトによっては、自らステークホルダーを見つけ出し、その方々の協力を得る必要も出てきます。プロジェクトで偶然遭遇したステークホルダーの方が次のプロジェクトの重要なステークホルダーになることもよくあります。これは、「あの人に聞けばよい！」といったことです。次第に新たな人とのつながりが生まれていく喜びです。

③家族への感謝の気持ち

パーソナル・プロジェクトに関わっている期間は、それが優先順位第一位となります。

費用も嵩張ります。気持ちよくかどうかは別にして、その費用発生を容認してくれる家族の協力なしには、パーソナル・プロジェクトは成り立ちません。プロジェクトの振り返りのとき、この感謝の念が湧き起こってくることは間違いないと言えます。

この3つの贈り物に共感できたなら、みなさんもぜひ今日からパーソナル・プロジェクトを立ち上げてください。

■ 監修者紹介

中嶋秀隆(なかじま・ひでたか)

プラネット株式会社 代表取締役社長
国際基督教大学大学院修了。京セラ(海外営業)、インテル(国際購買マネジャー、法務部長、人事部長)など、日米の有力企業に約20年間勤務。その後、PM研修を軸に独立。現在、日本およびアジア地域のビジネスパーソンを対象に、プロジェクトマネジメント技法の研修、コンサルティングを行っている。PMI会員、PMI日本支部理事、PMP、PMAJ会員、PM学会員。
〈主な著作〉
『PMプロジェクトマネジメント』日本能率協会マネジメントセンター
『死ぬまでに達成すべき25の目標』(共著)PHP研究所
『「プロジェクト力」で仕事を変える!』(共著)総合法令出版
『世界一わかりやすいプロジェクトマネジメント』(翻訳)総合法令出版
『プロジェクトマネジメント危機からの脱出マニュアル』(翻訳)ダイヤモンド社

■ 著者紹介

中 憲治(なか・けんじ)

プラネット株式会社　シニア・コンサルタント、オフィスNAKA　代表
鹿児島大学法文学部卒業。日産自動車(人事部門、海外営業部門)、日本テレコム(現ソフトバンク)にて勤務。2003年独立、PM研修、論理的問題解決法研修のインストラクター、コンサルティングを行っている。PMP。

〈主な著書〉
『通勤大学図解PMコース①　プロジェクトマネジメント理論編(第3版)』総合法令出版
『同②　プロジェクトマネジメント実践編(第3版)』総合法令出版
『伝説のPMが教える私の一押しプロジェクト』(共同執筆) 評言社
『図解 これならできるクリティカルチェーン』(共著) ダイヤモンド社

▍プラネット株式会社サービスのご案内

プラネット株式会社はPMI登録のグローバル教育機関(Global Registered Educaton Provider)です。

プロジェクトマネジメントのリーディング・カンパニーとして、PMの全域にわたり、高品質の研修とコンサルティング・サービスを提供しています。

本書で紹介したPMBOKの実践手法の研修プログラム「PM標準10のステップ」(2日コース、毎月東京で実施)はプロジェクトマネジメントの基本を習得する研修としてご高評をいただいています。

【連絡先】

〒141-0001 東京都品川区北品川1-19-5
コーストライン品川ビル3F
TEL：03-6433-0570　FAX：03-6433-0571
URL：www.planetkk.net

視覚障害その他の理由で活字のままでこの本を利用出来ない人のために、営利を目的とする場合を除き「録音図書」「点字図書」「拡大図書」等の製作をすることを認めます。その際は著作権者、または、出版社までご連絡ください。

通勤大学文庫
図解PMコース2
プロジェクトマネジメント 実践編（第3版）

2010年 1月12日　第1版1刷発行
2013年 9月 2日　第2版1刷発行
2018年10月23日　第3版1刷発行

監　修	中嶋秀隆
著　者	中　憲治
発行者	野村直克
発行所	総合法令出版株式会社

〒103-0001　東京都中央区日本橋小伝馬町 15-18
ユニゾ小伝馬町ビル9階
電話　03-5623-5121

印刷・製本　中央精版印刷株式会社
ISBN 978-4-86280-643-7

Ⓒ KENJI NAKA 2018 Printed in Japan
落丁・乱丁本はお取替えいたします。

総合法令出版ホームページ　http://www.horei.com/

総合法令出版の好評既刊

世界一わかりやすい
プロジェクトマネジメント(第4版)

アマゾンジャパン「オールタイムベストビジネス書 100」に選出された、プロジェクトマネジメントの基本中の基本テキストの最新版。プロジェクトの各フェーズごとに、想定されるリスクを乗り越えて成功に導くための実践的ノウハウやツールを詳細に紹介。また、プロジェクト・マネジャーとしてチームを率いていくためのアイデアを提供。

G・マイケル・キャンベル 著 中嶋秀隆 訳／定価(本体価格 2900 円＋税)

通勤電車で楽しく学べる新書サイズのビジネス書

  「通勤大学文庫」シリーズ

通勤大学MBAシリーズ　グローバルタスクフォース=著

◎マネジメント（新版）¥893　◎マーケティング（新版）¥872　◎クリティカルシンキング（新版）¥872　◎アカウンティング ¥872　◎コーポレートファイナンス ¥872　◎ヒューマンリソース ¥872　◎ストラテジー ¥872　◎Q&A ケーススタディ ¥935　◎経済学 ¥935　◎ゲーム理論 ¥935　◎MOT テクノロジーマネジメント ¥935　◎メンタルマネジメント ¥935　◎統計学 ¥935　◎クリエイティブシンキング ¥935　◎ブランディング ¥935

通勤大学実践MBAシリーズ　グローバルタスクフォース=著

◎決算書 ¥935　◎店舗経営 ¥935　◎事業計画書 ¥924
◎商品・価格戦略 ¥935　◎戦略営業 ¥935　◎戦略物流 ¥935

通勤大学図解PMコース　中嶋秀隆=監修　中 憲治=著

◎プロジェクトマネジメント 理論編 ¥935　◎プロジェクトマネジメント 実践編 ¥935

通勤大学図解法律コース　総合法令出版=編

◎ビジネスマンのための法律知識 ¥893　◎管理職のための法律知識 ¥893　◎取締役のための法律知識 ¥893　◎人事部のための法律知識 ¥893　◎店長のための法律知識 ¥893　◎営業部のための法律知識 ¥893

通勤大学図解会計コース　澤田和明=著

◎財務会計 ¥935　◎管理会計 ¥935　◎CF（キャッシュフロー）会計 ¥935
◎XBRL ¥935　◎IFRS ¥935

通勤大学基礎コース

◎「話し方」の技術 ¥918　◎相談の技術 大畠常靖=著 ¥935
◎学ぶ力 ハイブロー武蔵=著 ¥903　◎国際派ビジネスマンのマナー講座 ペマ・ギャルポ=著 ¥1000

通勤大学図解・速習

◎孫子の兵法 ハイブロー武蔵=叢小榕=監修 ¥830　◎新訳 学問のすすめ 福沢諭吉=著 ハイブロー武蔵=現代語訳・解説 ¥893　◎新訳 武士道 新渡戸稲造=著 ハイブロー武蔵=現代語訳・解説 ¥840　◎松陰の教え ハイブロー武蔵=著 ¥830
◎論語 礼ノ巻 ハイブロー武蔵=著 ¥840　◎論語 義ノ巻 ハイブロー武蔵=著 ¥840　◎論語 仁ノ巻 ハイブロー武蔵=著 ¥840